AVALIAÇÃO DAS APRENDIZAGENS, PARA AS APRENDIZAGENS E COMO APRENDIZAGEM

OBRA PEDAGÓGICA DO PROFESSOR

BENIGNA VILLAS BOAS (ORG.)
Pedagoga, mestre e doutora em Educação, é professora emérita da UnB e coordena o grupo de pesquisa Avaliação e Organização do Trabalho Pedagógico (Gepa).

ENÍLVIA ROCHA MORATO SOARES (ORG.)
Mestre e doutora em Educação, é professora aposentada da SEEDF. Integra os grupos de pesquisa Avaliação e Organização do Trabalho Pedagógico (Gepa) e Docência, Didática e Trabalho Pedagógico (Prodocência).

AVALIAÇÃO DAS APRENDIZAGENS, PARA AS APRENDIZAGENS E COMO APRENDIZAGEM

OBRA PEDAGÓGICA DO PROFESSOR

1ª Edição

Segmento de Ensino: Anos Iniciais do Ensino Fundamental

Campinas - SP, 2022

PAPIRUS EDITORA

Capa | Fernando Cornacchia
Coordenação | Ana Carolina Freitas
Copidesque | Anna Carolina G. de Souza
Diagramação | DPG Editora
Revisão | Simone Ligabo

Dados Internacionais de Catalogação na Publicação (CIP)
(Câmara Brasileira do Livro, SP, Brasil)

Avaliação das aprendizagens, para as aprendizagens e como aprendizagem: Obra pedagógica do professor/Benigna Villas Boas, Enílvia Rocha Morato Soares, (orgs.). – Campinas, SP: Papirus, 2022.

Vários autores.
Bibliografia.
ISBN 978-65-5650-120-8

1. Aprendizagem 2. Avaliação educacional 3. Educação – Finalidades e objetivos 4. Professores – Formação I. Boas, Benigna Villas. II. Soares, Enílvia Rocha Morato.

22-98752 CDD-370

Índice para catálogo sistemático:

1. Aprendizagem: Avaliação: Educação 370

Eliete Marques da Silva – Bibliotecária – CRB-8/9380

1ª Edição – 2022
1ª Reimpressão – 2023
Livro impresso sob demanda – 170 exemplares

Exceto no caso de citações, a grafia deste livro está atualizada segundo o Acordo Ortográfico da Língua Portuguesa adotado no Brasil a partir de 2009.

R. Barata Ribeiro, 79, sala 316 – CEP 13023-030 – Vila Itapura
Fone: (19) 3790-1300 – Campinas – São Paulo – Brasil
E-mail: editora@papirus.com.br – www.papirus.com.br

SUMÁRIO

APRESENTAÇÃO

A avaliação é um componente sensível e estratégico do trabalho pedagógico da sala de aula e de toda a escola. É sensível porque envolve pessoas: estudantes, professores, pais/responsáveis e todos os que fazem a escola funcionar, com seus anseios, suas fragilidades e suas necessidades. Para que todos aprendam, sobretudo os estudantes, a avaliação necessita ser planejada e desenvolvida pelos que dela participam, o que requer diálogo, respeito, ética e comprometimento.

A avaliação é também um componente estratégico do trabalho pedagógico por vários motivos, dentre os quais elencamos os que se seguem. Em primeiro lugar, ela dá início a esse trabalho, o acompanha em todo o seu desenrolar e o conclui ao final de períodos estipulados. Ela ainda o conclui de maneira provisória, porque seus resultados dão o pontapé para a retomada do trabalho em etapas posteriores. Essa característica faz com que ela esteja sempre presente e em constante movimento.

Em segundo lugar, a avaliação não tem hora para acontecer: está sempre à espreita de informações que fortaleçam o processo de aprendizagem. O seu inacabamento é um trunfo: o que ainda não foi aprendido o será em outros momentos e de diferentes formas.

E, em terceiro lugar, a avaliação envolve avaliação das aprendizagens, para as aprendizagens e como aprendizagem. Avaliam-se todas as aprendizagens previstas e não previstas, porque a escola é um rico espaço de múltiplas aprendizagens que não se esgotam naquelas prescritas em documentos curriculares. O interesse dos estudantes vai além, extrapola o que já foi ensinado (avaliação da aprendizagem), pondo-se sempre em busca de novas aprendizagens.

Ao nos referirmos à avaliação para as aprendizagens, queremos chamar a atenção para o fato de ela indicar ação, movimento, busca, intervenção. Não é estática nem episódica. Não se vale de um único procedimento ou recurso e não tem como propósito atribuir nota ou conceito. Assim concebida, a avaliação das e para as aprendizagens se torna também avaliação como aprendizagem. Vivenciando o processo de avaliação, seja formal ou informal, os estudantes estão sempre aprendendo. Até mesmo a prova, dependendo do uso que dela se faz, produz aprendizagem tanto para estudantes como para professores. Enquanto avaliamos, aprendemos. Enquanto aprendemos, avaliamos. Esse é o verdadeiro sentido da avaliação formativa.

Por último, destaca-se a dinamicidade da avaliação: é o componente do trabalho pedagógico que, em alguns momentos, parece concluir determinada tarefa, mas, ao mesmo tempo, constitui o início de outras e assim sucessivamente.

Essa prática se torna possível graças à compreensão propiciada pelo letramento em avaliação dos professores, dos gestores, dos coordenadores, dos pais/responsáveis e dos demais profissionais da educação, temática essa abordada neste livro.

1
ORGANIZAÇÃO DO TRABALHO PEDAGÓGICO E AVALIAÇÃO

Benigna Villas Boas

O trabalho pedagógico escolar é o meio mais forte de veiculação da socialização para o trabalho. Considerando-se a escola um espaço social marcado pelo confronto dos interesses de classe, será aqui examinada a influência exercida pelo modo de produção capitalista na organização do trabalho pedagógico. Para isso, serão adotadas como referência as características básicas da organização capitalista do processo de trabalho, apontadas pelo *Brighton Labour Process Group* (Silva 1991, p. 32): a divisão entre trabalho intelectual e manual; a fragmentação/desqualificação do trabalho; o controle hierárquico. Essas características se aplicam não só ao professor, em suas relações com seus "superiores" e colegas, mas também aos estudantes, nas relações estabelecidas na escola.

A relação entre a organização do trabalho pedagógico e a organização capitalista do processo de trabalho leva em conta a natureza e a especificidade da educação escolar. Vários estudos têm sido produzidos nessa área. É importante ressaltar que, sendo as atividades docentes produção não material, situando-se na modalidade em que o produto não é separável do ato de produção (Saviani 1987, p. 80), não se pretende transpor, de forma linear, as características do processo de trabalho material para o processo de trabalho pedagógico. Nesse caso, segundo Marx (*apud* Saviani 1987, p. 81), "o modo capitalista de produção só tem lugar de maneira limitada e, pela própria natureza da coisa, não se dá senão em algumas esferas". Saviani explica que a atividade de ensino supõe contato do professor com o aluno. A aula é, ao mesmo tempo, produzida pelo professor e consumida pelos estudantes. Assim, pela característica específica inerente ao ato pedagógico, o modo de produção capitalista aí se dá apenas em "algumas esferas". Dando como exemplo os chamados "pacotes pedagógicos" – em que uma aula pode ser produzida e convertida em pacote a ser adquirido como mercadoria –, Saviani alerta para o fato de que essa tendência não é generalizável, do ponto de vista pedagógico, não podendo acontecer senão de forma "subordinada, periférica" (Saviani 1987, p. 81).

Outra contribuição importante é a de Apple (1983, p. 153), para quem o processo que atua sobre os trabalhadores, de modo geral, termina entrando nas escolas. Contudo, em virtude de sua história interna, elas são diferentes das fábricas e dos escritórios de várias maneiras. Também os professores são diferentes dos outros trabalhadores em termos de condições de trabalho. O produto do trabalho pedagógico não é tão visível quanto o das fábricas e dos escritórios. Os professores contam com a reação dos estudantes, o que não acontece com um carro na linha de produção ou um papel sobre uma mesa. O fato de o ensino possuir "natureza relativamente autônoma" não significa que as escolas sejam imunes à lógica do capital, adverte o autor (*ibidem*, p. 146). De acordo com ele, o desenvolvimento de novas formas de controle, a separação entre concepção e execução e o processo de desqualificação estão se introduzindo cada vez mais nas instituições escolares.

A divisão entre trabalho intelectual e manual tem sua origem na cisão entre concepção e execução, isto é, entre os que pensam e planejam e os que executam. Essa separação nada tem a ver com a divisão entre funções mentais e físicas do organismo humano, uma vez que todo trabalho humano envolve tanto a mente quanto o corpo. A execução do trabalho rotineiro envolve alguma forma de organização conceitual, e, para a efetivação de todo trabalho mental, é necessária alguma atividade corporal. Para a teoria do processo de trabalho capitalista,

> a divisão é aquela entre os que produzem ou aplicam conhecimento científico e tecnológico no projeto de sistemas de produção e na resolução cotidiana dos problemas envolvidos na operação do sistema e aqueles cuja relação com o sistema de produção é calculada, padronizada e especificada previamente pelo capital, com o objetivo de produzir um produto que seja previamente conhecido com precisão. (Silva 1991, p. 33)

Essa característica da organização capitalista do processo de trabalho se reflete no planejamento do trabalho pedagógico, retirando do professor, em alguma extensão, seu poder de decisão. Isso acontece quando o professor recebe prontos, apenas para aplicação, propostas pedagógicas, projetos, instrumentos de avaliação, pacotes pedagógicos. Outra manifestação de cisão entre concepção e execução ocorre quando o professor faz do livro didático seu plano de trabalho, sem pesquisar outras informações e outros procedimentos que atendam a reais interesses e necessidades de seus estudantes. O professor do ensino fundamental e médio, pela natureza e pelas condições de trabalho, costuma aplicar o que recebe pronto, sem criticá-lo e sem adaptá-lo ao contexto em que atua.

Sendo o professor a pessoa que está em contato direto e constante com o estudante, cabe-lhe planejar seu próprio trabalho, para que haja coerência com o papel precípuo da escola, o de socializar "conhecimentos vivos e concretos, indissoluvelmente ligados às experiências de vida dos alunos e às exigências históricas da sociedade presente" (Franco 1987, p. 56).

Essa situação de separação entre a concepção e a execução do trabalho pedagógico costuma encontrar justificativa na formação inadequada do professor e na falta de tempo para estudo e planejamento. Essa falta de tempo leva o professor à acomodação e ao cansaço, tirando-lhe o ânimo para o questionamento e arrefecendo, com o passar do tempo, seu espírito crítico. A gestão escolar autoritária pode impor formas de trabalho que afastem o professor do planejamento de seu trabalho.

Segundo Machado (1989, p. 29), a divisão do trabalho foi introduzida também na escola, "mas a cisão entre concepção e execução parece não se ter efetivado, ficando restrita ao nível formal. Por essa razão, o professor ainda detém uma autonomia que lhe permite refutar ou reelaborar o que foi concebido pelos especialistas da educação, alocados no interior da escola ou em outras instâncias do sistema educacional".

Cury (*apud* Machado 1989, p. 29) assim se manifesta:

> Quando se trata da divisão social do trabalho na escola, costuma-se fazer uma aproximação muito radical entre escola e fábrica, no que diz respeito às determinações específicas. Não concordo com isso. Nas grandes fábricas modernas existe a subordinação real do trabalhador. Já nas escolas o que impera é a subordinação formal.[1]

Conclui Machado (1989, p. 29) que o

> que vem concebido de "cima para baixo", na prática cotidiana do professor, em geral, serve para responder às exigências formais e legais. Assim, pode-se afirmar que o professor não se encontra no mesmo nível de subordinação que o trabalhador fabril.

Saviani, Machado e Cury parecem concordar com o fato de que entre o trabalho pedagógico e o capital existe uma subordinação formal, pois o professor conserva alguma autonomia sobre o que faz. Há até quem diga que, ao fechar a porta de sua sala de aula, o professor faz o que quer, mesmo que os planos entregues à direção da escola apontem diferentemente.

A cisão entre os que pensam e os que executam, tal como se manifesta na escola, conduz à fragmentação e à consequente desqualificação do trabalho pedagógico, seja do ponto de vista do professor, seja do ponto de vista do estudante. Esse fato é mais aparente nas escolas de grande porte, nas quais há diversas turmas de um mesmo ano, esperando-se de todos os professores um resultado padronizado. Entretanto, as escolas, de modo geral, apresentam evidências de trabalho parcelar, usando como justificativa a busca da eficiência e produtividade.

Nos anos finais do ensino fundamental e no ensino médio, assiste-se à tendência de subdivisão de disciplinas, de modo que cada professor se especialize em um de seus aspectos. Assim, é comum ver os conteúdos de português serem trabalhados por diferentes professores: de gramática, redação, literatura etc. Com a divisão técnica do trabalho que se instaurou no interior das escolas, o professor subdividiu o trabalho pedagógico com seus colegas e com especialistas em educação, perdendo a visão de conjunto conjunto, que antes possuía.

A pedagogia tecnicista, introduzida no Brasil no início da segunda metade do século XX, é em grande parte responsável pelo parcelamento do trabalho pedagógico com a especialização de funções, a proliferação de propostas pedagógicas que transformam o professor em mero executor e com a "padronização do sistema de ensino a partir de esquemas de planejamento previamente formulados, aos quais devem se ajustar as diferentes modalidades de disciplinas e práticas pedagógicas" (Saviani

---

1. Por subsunção ou subordinação formal do trabalho ao capital, entende-se a forma simples de exploração capitalista do trabalho, em que o capitalista provê os meios de produção e apropria-se do produto final. O trabalhador, porém, controla o processo de trabalho, seu ritmo e sua intensidade (Enguita 1989, p. 15). A subsunção ou subordinação real do trabalho ao capital é considerada por Marx (*apud* Enguita 1989, p. 15) o passo final na degradação do trabalho. O processo de produção de mercadorias é decomposto em tarefas parcelares. Consequentemente, o trabalhador perde o controle de seu processo de trabalho, penetrando numa relação alienada.

1986, p. 16). Segundo o mesmo autor, nessa pedagogia, o elemento principal é a organização racional dos meios, ocupando professor e estudante posição secundária, relegados à condição de executores de um processo do qual a concepção, o planejamento, a coordenação e o controle ficam a cargo de especialistas supostamente habilitados, neutros, objetivos, imparciais.

Um dos aspectos relacionados à fragmentação do trabalho pedagógico é sua rotina, tornando professores e estudantes alienados, subjugados e dominados. O trabalho pedagógico costuma obedecer a um ritual repetitivo, ao qual professores e estudantes se submetem mecanicamente. Cada professor e cada atividade apresentam ritual próprio. O ritual escolar costuma incluir ações desnecessárias que acarretam perda de tempo, tais como: fazer a chamada diariamente (ato puramente burocrático depois que todos os estudantes são conhecidos), escrever no quadro cabeçalho e longos deveres de casa para os estudantes copiarem etc.

Franco (1987, p. 16) comenta que a principal consequência da divisão e do parcelamento das tarefas, decorrente da forma de organizar o trabalho em uma hierarquia de crescente complexidade, é a ausência de controle do processo de trabalho pelo trabalhador. No caso do trabalho pedagógico, o professor fica reduzido a uma pequena unidade participante de um processo relativamente complexo, definido pelas administrações de sistemas de ensino em níveis federal, estadual e municipal, pelas editoras, pela tecnologia moderna e pela gestão da escola. Como se vê, o professor e o estudante se localizam ao final de uma cadeia de definições. Há casos em que o professor desconhece, em sua totalidade, o processo de trabalho por ele desenvolvido, como na aplicação de uma nova metodologia em que recebe orientação em pequenas doses, sem ter tido acesso a sua fundamentação e a seus procedimentos gerais. A posse do trabalho intelectual é do capital, e não do professor-trabalhador, o que reduz seu trabalho à execução pura e simples. Assim, nega-se ao professor a apropriação da técnica e da ciência. Ele pode até aprender o mecanismo para fazer de novo; entretanto, não tendo se apropriado da fundamentação teórica, não dominará o processo.

No âmbito do trabalho pedagógico escolar, pode-se falar em desqualificação quando o professor e o estudante não dominam inteiramente o processo que desenvolvem. Tendo controle sobre seu próprio trabalho, o professor poderá desenvolvê-lo com vistas a preparar e gradativamente iniciar o estudante no processo de tomada de decisão. Essa prática possibilitará a formação do cidadão capaz de reivindicar o trabalho qualificado. Chegou a meu conhecimento o fato de, em um teste elaborado pelo coordenador pedagógico de uma escola para todas as turmas do mesmo nível, o professor de uma delas ter considerado uma das questões confusa. Ele, então, disse aos estudantes que pediria autorização ao coordenador do curso para anular aquele item e atribuir um ponto a todos. Assistindo a situações como essa, em que o professor não domina o processo de seu trabalho, o estudante, desde que entra na escola, aprende a receber tudo pronto e a cumprir ordens sem questionar.

Há escolas que adotam a prática de os professores "mandarem para a assistência" os estudantes que incomodam e criam dificuldades para o desenvolvimento da aula. Segundo o relato de alguns pais de uma escola privada, em 2015, a sala da "assistência" está sempre cheia de estudantes nessa situação. Tal iniciativa traz várias consequências para professores e estudantes. Para os primeiros, a desvalorização e a desqualificação de seu trabalho. Os professores apenas cumprem ordens e, consequentemente, perdem a autoridade para com os estudantes. Deixam de acompanhar o que ocorre na "assistência". Desse modo, podem ser influenciados a formar juízo sobre os estudantes, o que será levado em consideração no momento de atribuição dos resultados finais. Esse pode ser um exemplo de articulação da avaliação informal à formal.

Para os estudantes, o mais grave é perderem parte da aula e, possivelmente, encontrarem dificuldade em retomar suas atividades. Como punição adicional, poderá ser-lhes exigido que copiem de algum colega as orientações para a realização das tarefas perdidas. Além disso, os que vão para a punição passam a ser vistos pelos colegas como bagunceiros e indisciplinados. Percebe-se aqui a avaliação informal em ação. Uma estudante do ensino médio relatou-me que, na aula de determinado professor que ela não aprecia, conversa até que ele a mande sair. Assim, ela "fica livre" dele. Será que situações desse tipo são identificadas pelas escolas e analisadas para que sejam revistas?

Outro evento escolar que pode ser entendido como desqualificação do trabalho docente é a semana de provas, muito comum na educação básica e em alguns cursos de licenciatura. Como os estudantes a percebem? Foi introduzida com quais objetivos? Os estudantes os conhecem? Qual é a sua justificativa? Em encontros que tenho mantido com professores da educação básica, eles acabam confessando que a semana de provas existe para facilitar seu trabalho: elaboram um único instrumento para todas as turmas de cada ano da mesma disciplina. Eles não conseguem citar um motivo que realmente atenda às necessidades de aprendizagem dos estudantes.

A cisão entre os que pensam e os que executam e a fragmentação/desqualificação do trabalho trazem como consequência necessária o controle hierárquico, a terceira característica básica da organização capitalista do processo de trabalho.

Apple (1983, p. 146) apresenta três tipos de controle usados para extrair mais trabalho: simples, técnico e burocrático. O controle simples consiste em apenas dizer a alguém o que deve ser feito. O técnico incorpora-se na estrutura física do trabalho. Um bom exemplo, afirma, é o uso da tecnologia do controle numérico na indústria. O trabalhador insere um cartão em uma máquina, que o informa sobre o ritmo e o nível de habilidade da operação. O controle burocrático significa uma estrutura social em que o controle é menos visível, porque seus princípios estão incorporados às relações sociais hierárquicas do local de trabalho.

O autor (*ibidem*, p. 149) denuncia a invasão dos procedimentos de controle técnico nas escolas norte-americanas, por meio de "pacotes" padronizados de ensino, que contêm: objetivos, conteúdo curricular, material necessário, prescrição das ações docentes, respostas apropriadas dos estudantes, testes de diagnóstico e de desempenho. Os testes usualmente reduzem o conhecimento curricular a habilidades e comportamentos "apropriados". Apple considera o exemplo um retrato da desqualificação, pois todas as decisões são tomadas por pessoas externas à situação. Inclui-se até mesmo a especificação das palavras a serem ditas pelo professor.

Escolas brasileiras copiaram essa prática. Hoje, assiste-se ao uso generalizado de "pacotes de ensino" para os ensinos fundamental, médio e superior. O mais preocupante é que não são comuns reações contrárias de professores. Parecem não estar cientes de que seu trabalho é desvalorizado quando é inteiramente planejado por outras pessoas. Nessa sistemática, cabe-lhes apenas executar o que outros organizaram.

Segundo o autor (*ibidem*, p. 157), também os estudantes são atingidos pelo controle técnico e pela desqualificação. Suas respostas são preestabelecidas. Os materiais de ensino procuram definir as ações e a linguagem apropriadas, reduzindo-as ao domínio de um conjunto de habilidades ou competências.

Além do controle técnico, em que o poder se incorpora à estrutura do próprio trabalho, na escola manifestam-se outros mecanismos de controle. O professor organiza o trabalho realizado com os estudantes segundo normas estabelecidas pela gestão da escola: quanto a horários, disciplina, período para a realização de provas e entrega de resultados, dia e horário de reunião com pais, eventos a serem comemorados, participação da escola em acontecimentos da comunidade, uso de materiais didáticos, reuniões pedagógicas e de conselho de classe etc. Essas normas costumam ser comunicadas aos professores e pais sem passar por processo de reflexão e análise, o que vai redundar em relações e ações burocratizadas, repetitivas, cristalizadas. Tal estrutura centralizadora e impermeável reproduz-se na sala de aula, onde o professor determina a disposição física dos estudantes na classe, o uso do tempo de aula, a sequência de atividades, o direito à fala, o que vai ensinar, a quem vai dedicar mais atenção, o que vai fazer parte da avaliação etc. (André 1990, p. 68). Nesse contexto, o professor se coloca como o dono do "saber" e do "como fazer", chegando até a impor aos pais a maneira de cooperação com a tarefa da escola.

O controle hierárquico observado no trabalho pedagógico enfatiza três aspectos inter-relacionados: o tempo, a ordem e a disciplina. É impressionante verificar como a escola investe nisso, principalmente a dos anos iniciais do ensino fundamental. Com relação ao tempo, pelo que se observa, a intenção não é aproveitá-lo ao máximo. Pelo contrário, ele é desperdiçado. O curioso é que o tempo dos estudantes na escola costuma ser todo preenchido e controlado pelo professor. Não há um momento e um lugar em que eles possam refugiar-se da equipe escolar. A dependência e a submissão são totais.

A ordem e a disciplina na sala de aula surgiram como consequência da implantação do capitalismo industrial, com vistas a formar nos jovens os hábitos mais adequados para a indústria. Enguita (1989, p. 117) relata que, nas escolas metodistas inglesas do século XIX, as primeiras coisas aprendidas pelos estudantes eram a pontualidade, a ordem, a compostura, ficando o ensino em segundo plano.

A escola atual também valoriza a ordem e a disciplina ao exigir dos estudantes silêncio e imobilidade constantes, obediência às regras por ela estabelecidas, o uso obrigatório de uniforme etc. Em um plano de curso de uma disciplina de educação superior, em 2013, encontrei a seguinte observação no item "Avaliação": "É PROIBIDO CONVERSAR DURANTE A AULA". Assim mesmo, em letras garrafais. Manifestei minha estranheza à estudante a quem o plano pertencia, e ela me disse que o professor estava certo porque "sala de aula não é lugar de conversa". Assim se veicula a submissão à avaliação alheia.

O controle do tempo, da ordem e da disciplina constitui um mecanismo facilitador da inserção dos estudantes nas relações de autoridade e hierarquia, tal como deverão fazê-lo quando se incorporarem ao trabalho. O exercício constante da autoridade sobre eles, comenta Enguita (1989, p. 165), é uma forma de fazê-los saber e recordar que não podem tomar decisões por si mesmos, que não se pode depositar confiança neles, que devem estar sob tutela.

A superação da divisão do trabalho, da fragmentação/desqualificação do trabalho docente e da hierarquização, no interior da escola, significaria a substituição do capitalismo por um modo de produção desprovido de exploração. Considerando que essa transformação da sociedade só será possível a partir de um movimento político que envolva toda a sociedade e que, portanto, demorará a acontecer, André (1990, p. 69) acredita ser preciso encontrar espaço na escola para a construção de uma nova ordem, para que se vá preparando esse movimento maior. Para isso, a autora julga imprescindível a implantação, nas escolas, de sistemática de encontros e reuniões em que professores e coordenadores possam analisar conjuntamente seu fazer pedagógico. Esses espaços de reflexão coletiva podem ser utilizados para acompanhamento, avaliação e reformulação do trabalho pedagógico, visando a seu aprimoramento. Neles é possível que se faça a análise da prática pedagógica com base no estudo da teoria que a orientará. A mediação da teoria, explica André, é fundamental para possibilitar o distanciamento da prática imediata, a fim de entender suas relações com a prática social total, superando-se explicações preconceituosas e estereotipadas. Isso só será possível com uma gestão escolar democrática, que possibilite o diálogo, a comunicação horizontal entre professores e entre eles e os estudantes.

Tornando-se uma constante na escola, essa sistemática de trabalho da equipe pedagógica transformará a mentalidade dos professores, que, gradativamente, passarão a relacionar-se com os estudantes e a desenvolver as atividades de forma mais consciente. Para que essa mentalidade crítica se instale, é imprescindível que o gestor da escola abra mão da centralização do poder, dividindo-o com os que participam do trabalho.

Assim como André (1990), Freitas (1989, pp. 6-7) considera a gestão escolar democrática a principal garantia de mudança das relações de trabalho no interior da escola, nos limites da sociedade na qual se insere. Esse tipo de gestão, prossegue o autor, constitui um elemento facilitador para novas alternativas didáticas que, entretanto, não serão criadas no isolamento da sala de aula. É preciso, pois, que o coletivo dos professores reflita sobre a necessidade de se criarem novas bases para a organização do trabalho pedagógico, o que poderá possibilitar o surgimento de novas formas de trabalhar em sala de aula.

Na nova ordem à qual André (1990) se refere, não há espaço para a avaliação classificatória, excludente, seletiva e punitiva. Impõe-se a adoção da avaliação formativa, comprometida com as aprendizagens de estudantes e professores e com o desenvolvimento da escola. Nessa nova ordem, amplia-se o campo da avaliação nas escolas de educação básica: até pouco tempo atrás, apenas a avaliação para aprendizagem era conhecida e desenvolvida. Dois outros níveis devem ser considerados: a avaliação institucional e a avaliação em larga escala. Como os testes que compõem esta última são aplicados a estudantes dentro da escola, torna-se necessário que a escola compreenda seus propósitos e saiba tirar proveito de seus resultados. Além disso, cabe à equipe gestora e à coordenação pedagógica articularem esses três níveis de avaliação de modo que todos os que atuam nas escolas e os familiares dos estudantes reconheçam seus benefícios.

A ampliação do campo da avaliação não significa dar lugar de destaque aos testes e seus resultados e ao ranqueamento de estudantes e escolas. Avaliar não é aplicar testes e usar seus resultados de maneira competitiva e irresponsável. Avaliação é o processo contínuo de análise e reflexão sobre as aprendizagens dos estudantes e sobre o trabalho pedagógico da sala de aula e o de toda a escola, acompanhado da formulação de meios para seu avanço.

Referências bibliográficas

ANDRÉ, M.E.D.A. (1990). "A avaliação da escola e a avaliação na escola". *Cadernos de Pesquisa,* n. 74, ago. São Paulo: Fundação Carlos Chagas/Cortez, pp. 68-70.

APPLE, M.W. (1983). "Curricular form and the logic of technical control". *In*: APPLE, M.W. e WEIS, L. *Ideology and practice in schooling*. Filadélfia: Temple University, pp. 143-165.

ENGUITA, M.F. (1989). *A face oculta da escola: Educação e trabalho no capitalismo*. Porto Alegre: Artes Médicas.

FRANCO, L.A. de C. (1987). *A escola do trabalho e o trabalho da escola*. São Paulo: Cortez.

FREITAS, L.C. de (1989). "A organização do trabalho pedagógico: Elementos para a pesquisa de novas formas de organização". Apresentado durante o V Encontro Nacional de Didática e Prática de Ensino, Belo Horizonte. (Mimeo.)

MACHADO, A.B. (1989). "Reflexões sobre a organização do processo de trabalho na escola". *Educação em Revista*, n. 9, jul. Belo Horizonte, pp. 27-31.

SANTOS, O.J. dos (1992). *Pedagogia dos conflitos sociais*. Campinas: Papirus.

SAVIANI, D. (1986). *Escola e democracia*. 11ª ed. São Paulo: Cortez.

________ (1987). *Ensino público e algumas falas sobre universidade*. São Paulo: Cortez.

SILVA, T.T. da (1991). "O processo de trabalho capitalista". *In*: SILVA, T.T. da (org.). *Trabalho, educação e prática social*. Porto Alegre: Artes Médicas.

2
PRIMEIRO DIA DE AULA: O QUE CONVERSAR SOBRE AVALIAÇÃO?

Benigna Villas Boas

O primeiro dia de aula costuma ser de incertezas, insegurança e angústia sobre a sistemática de avaliação, ou melhor, sobre as provas, segundo o entendimento da maioria dos estudantes. Quantas serão? Objetivas ou com questões abertas? Serão difíceis? Quantos pontos valerão? Outra grande preocupação é o "passar de ano". Antes de conversarmos sobre esse assunto, não é demais relembrarmos Enguita (1989, pp. 203-204), que, em um dos itens finais de seu livro, discute a submissão do estudante a uma avaliação alheia:

> A escola é um lugar no qual crianças e jovens são constantemente avaliados por outras pessoas: ao final de seus estudos, de cada nível educacional, de cada ano escolar, de cada trimestre, de cada mês... A avaliação é, de fato, um mecanismo onipresente na cotidianidade das salas de aula, pois tem lugar formal ou informalmente – mas sempre com efeitos – cada vez que o aluno responde ou deixa de responder a uma pergunta do professor, mostra-lhe seu trabalho ou torna visível seu comportamento, além da lista interminável de exercícios, provas, testes e outros dispositivos específicos para esse fim. (...)
> Na escola aprende-se a estar constantemente preparado para ser medido, classificado e rotulado; a aceitar que todas as nossas ações e omissões sejam suscetíveis de serem incorporadas a nosso registro pessoal; a aceitar ser objeto de avaliação e inclusive a desejá-lo. O agente principal do processo de avaliação é o professor, mas a ele se somam os corpos examinadores externos (...).
> Mais importante ainda é a incorporação dos demais alunos à avaliação de cada um, pois dado que a interação entre o professor e o aluno se dá quase sempre em público, ninguém escapa à oportunidade de ser avaliado explícita ou implicitamente pelos demais nem se vê privado de lhes pagar na mesma moeda.

Contudo, podemos ver a avaliação por outro prisma, como aliada das aprendizagens. Analisemos o início feliz de um ano letivo.

Na escola de ensino fundamental da rede pública de Brasília, situada na Asa Sul, aqui denominada Beija-flor, no primeiro dia de aula, os estudantes foram acolhidos pelos professores, pela equipe gestora, pela coordenação pedagógica e por todos os profissionais administrativos e de apoio, inclusive os de limpeza, no pátio, em pé, ao som de uma música alegre.[1] Cartazes de boas-vindas estavam afixados em vários locais. A música, então, cessou, e a gestora, ao microfone, cumprimentou os presentes e dirigiu-se aos estudantes, afirmando serem eles a razão de aquela escola existir. Dirigiu-se de modo especial aos que estavam ali pela primeira vez. Em poucas palavras, anunciou que toda a equipe escolar estava preparada para atendê-los da melhor forma possível, para que cada um aprendesse e prosseguisse sua caminhada educacional sem percalços. Ressaltou que ninguém ali seria o número 1. Não haveria destaques. Ninguém receberia estrelinhas. Todos mereciam ser os melhores. Pediu que, durante todo o ano, avaliassem o trabalho da escola e de todos os que ali atuavam, mas, principalmente, se autoavaliassem, para fortalecerem a própria aprendizagem.

Essa saudação está impregnada de avaliação: manifestou-se comprometida com as aprendizagens de todos e de cada um, portanto, com a avaliação formativa; eliminou a possibilidade de selecionar estudantes-destaque; demonstrou respeito e valorização de todos os que atuavam na instituição, pelo fato de estarem todos reunidos; conclamou o comprometimento de toda a equipe escolar; acolheu os novos estudantes e professores; convocou os estudantes para avaliarem o trabalho da escola; destacou a importância da autoavaliação. Esses são alguns dos ingredientes da avaliação formativa. Para os que ainda consideram difícil pô-la em prática, eis um exemplo de como tudo pode começar.

O fato de todos se reunirem antes mesmo de se encaminharem para as salas de aula criou um sentimento de congraçamento e cumplicidade para que pudessem construir uma comunidade de aprendizagem e uma cultura de avaliação que a fortalecesse. Assim organizado e realizado, esse evento traduz a compreensão de Esteban (2003, p. 35) sobre avaliação:

> A avaliação pretende promover uma reflexão que participe da experiência de ensinar com e de aprender com, tecida coletivamente na sala de aula, na sala de professores, no pátio, no refeitório, no banheiro, nos corredores, no portão, na biblioteca, nos tantos outros lugares por onde transitam os sujeitos que se encontram na escola para realizarem, juntos, um trabalho que visa à ampliação permanente dos conhecimentos.

No pátio da escola Beija-flor, começou a se forjar a reflexão sobre avaliação.

Em seguida, cada turma dirigiu-se a sua sala de aula, juntamente com os professores que, agora, passariam a recepcioná-la. Assim teve início o primeiro dia de trabalho pedagógico do ano.

O primeiro dia de aula promoveu o reencontro de estudantes e professores que já se conheciam e o encontro de novos estudantes e professores. Não era o momento para uma longa apresentação de prescrições sobre avaliação; e, de fato, isso não foi feito. Além de ser assustador, os estudantes não as incorporariam de imediato. Era preciso deixar todos descontraídos. E foi o que fez a gestora da escola Beija-flor. Mais tarde, já na sala de aula, coube aos professores dar continuidade a esse processo.

Nesse primeiro contato, é saudável utilizar uma dinâmica em que todos se apresentem, com a recomendação de apontarem aspectos positivos sobre si. Esse poderá ser o começo da autoavaliação e

1. Quando a atividade é rápida, permanecer em pé é interessante porque o corpo pode se mexer. Permanecer sentado pode induzir ao desinteresse e à imobilidade.

do conhecimento dos colegas para que aceitem as particularidades de cada um. Como Enguita (1989, p. 204) ressalta no trecho transcrito anteriormente, a avaliação informal ocorre publicamente na escola, e os estudantes são avaliados explícita ou implicitamente pelos colegas, podendo "pagar na mesma moeda" quando recebem comentários maldosos ou depreciativos. Faz parte da avaliação formativa a construção de clima avaliativo que valorize o respeito, a colaboração e a aceitação do outro. Entretanto, o professor que assim proceder terá de ser coerente: adotará esse tom de companheirismo entre ele e os estudantes e destes entre si durante todo o ano. Não será apenas uma encenação de começo de ano. Nada de "endurecer" com os estudantes daí para a frente. Firmeza, sim. Autoritarismo, nunca. Freire (1998, p. 131; grifos do original) assegura que

> a questão que se coloca a nós é lutar em favor da compreensão e da prática da avaliação enquanto instrumento de apreciação do que-fazer de sujeitos críticos a serviço, por isso mesmo, da libertação e não da domesticação. Avaliação em que se estimule o falar *a* como caminho do falar *com*.

Na escola Beija-flor, a gestora falou *aos* estudantes para abrir caminho para falar *com* eles durante todo o ano, assim como para os professores, a partir daí, conversarem *com* eles. Os professores têm o que dizer, mas não são os únicos, prossegue Freire. Sua fala não se pode dar em um espaço silenciado. Ao contrário, "o espaço do educador democrático, que aprende a falar escutando, é cortado pelo silêncio intermitente de quem, falando, cala para escutar a quem, silencioso, e não silenciado, fala" (*ibidem*, p. 132). Podemos depreender que Freire advoga um processo avaliativo pelo qual o estudante se sinta desafiado a escutar, a falar, a participar e a responder.

A cultura da avaliação formativa é construída desde o primeiro contato. Afinal, a "avaliação é uma construção social em que são levados em conta os contextos, a negociação, o envolvimento dos participantes, a construção social do conhecimento e os processos cognitivos, sociais e culturais na sala de aula" (Fernandes 2009, p. 56). O autor nos convida a compreender que o professor sozinho não desenvolve a avaliação formativa. O processo por ele delineado requer a participação efetiva dos estudantes, que precisam sentir essa convocação desde o primeiro dia de aula. "Trata-se de uma avaliação para as aprendizagens", completa Fernandes, "no sentido em que deve contribuir inequivocamente para a sua melhoria com a participação ativa dos alunos" (*ibidem*, p. 61). O mesmo autor se refere à necessidade de criação de ambiente de avaliação que conduza à cultura de sucesso, baseada na convicção de que todos podem aprender. Entretanto, é preciso ter cuidado. O sucesso a que se refere – e nós também – diz respeito à conquista de aprendizagens, e não à corrida por notas altas em busca de competição.

É esperado que os estudantes provoquem a conversa sobre procedimentos de avaliação imediatamente, porque essa preocupação é generalizada nas escolas e nas famílias. Talvez eles queiram levar informações detalhadas para casa. Se isso acontecer, para não os frustrar nem aos pais, é aconselhável apresentar os procedimentos avaliativos acompanhados de discussão sobre a justificativa para sua utilização e os propósitos de cada um, bem como de escuta respeitosa das opiniões favoráveis e contrárias, abrindo possibilidade de reformulação do projeto inicial. O importante é deixar claro que esses procedimentos serão usados como meio de o professor completar o que observar sobre a conquista das aprendizagens. Eles não têm valor por si, mas pelo que representam.

Se queremos desconstruir a crença em que procedimentos avaliativos e notas comandam o processo avaliativo, procuremos, antes de tudo, conversar sobre o que é a avaliação: por que existe, quais seus propósitos e seus benefícios, preparando o terreno para a discussão sobre os meios. Minimizemos o poder das notas e da reprovação. Indignado com o que chama de "sina classificatória", Vasconcellos (2014, pp. 31-32) indaga: "De onde vem a defesa tão apaixonada da reprovação? De onde vem a convicção de que a retenção é uma coisa boa – ou, no mínimo, 'um mal necessário'?". Uma vez que essa sina existe, ações que envolvam todos os atores escolares é que poderão derrubá-la. A escola Beija-flor é um exemplo dos que empreendem essa busca.

Referências bibliográficas

ENGUITA, M.F. (1989). *A face oculta da escola: Educação e trabalho no capitalismo*. Porto Alegre: Artes Médicas.

ESTEBAN, M.T. (org.) (2003). *Escola, currículo e avaliação*. São Paulo: Cortez.

FERNANDES, D. (2009). *Avaliar para aprender: Fundamentos, práticas e políticas*. São Paulo: Ed. da Unesp.

FREIRE, P. (1998). *Pedagogia da autonomia: Saberes necessários à prática educativa*. São Paulo: Paz e Terra.

VASCONCELLOS, C.S. (2014). "Avaliação classificatória e excludente e a inversão fetichizada da função social da escola". *In*: FERNANDES, C.O. (org.). *Avaliação das aprendizagens: Sua relação com o papel social da escola*. São Paulo: Cortez.

3
FUNÇÕES DA AVALIAÇÃO: FORMATIVA, DIAGNÓSTICA E SOMATIVA

Benigna Villas Boas

A avaliação acontece a todo momento e em várias atividades da nossa vida. Estamos sempre fazendo apreciações sobre o que vemos, o que fazemos, o que ouvimos, o que nos interessa e o que nos desagrada. Estamos sempre julgando. E como gostamos de usar adjetivos! Avaliamos quando estamos na fila do banco ou do supermercado: para alguns, o atendimento é rápido; para outros, lento. Praticamos a avaliação quando estamos fazendo compra na feira: analisamos os preços, comparamos, pechinchamos e decidimos pela compra de um ou outro produto. Ao assistirmos a um programa de televisão com a família, fazemos comentários sobre a apresentação dos atores, suas roupas, os temas debatidos e a maneira de tratá-los. Recomendamos ou não o programa a outras pessoas. Dizemos com frequência: "O desempenho desse artista é ótimo. Tal filme é denso. A música é relaxante. Os adjetivos estão sempre presentes em nossas apreciações". Tudo isso é avaliação.

Na escola, isso também acontece, só que nela os julgamentos têm consequências, positivas ou negativas, que influenciam o desenvolvimento dos estudantes. Mesmo antes de a criança chegar à escola, no momento da matrícula, a avaliação pode ter início. Ainda não se trata daquela que se faz por meio de provas e exercícios, mas pelas informações que mostram quem a criança é: onde e com quem mora, o que a família faz etc. Até o fato de a matrícula ser feita por alguém que não seja o pai ou a mãe provoca algum tipo de avaliação. Muitas vezes começa, nesse momento, a ser construída a imagem da criança enquanto estiver naquela escola. Essa é uma das marcas da avaliação, que pode influenciar a maneira de a criança ser tratada na escola, repercutindo na sua trajetória escolar e de vida. Certa vez, pesquisando a avaliação praticada em uma escola que atendia estudantes da educação infantil e dos anos iniciais da educação fundamental, durante a reunião de professores, ouvi uma docente explicar para a colega quem era o menino da 1ª série sobre o qual ela falava: "é aquele cujo avô veio fazer sua matrícula e estava bêbado". A criança parece ter ficado com essa marca naquela escola.

A avaliação se desenvolve de várias formas, sendo mais conhecida a que é feita por meio de provas, exercícios e atividades quase sempre escritas, como produção de textos, relatórios, pesquisas, resolução de questões, questionários etc. Quando a avaliação é realizada dessa forma, todos ficam sabendo que ela está acontecendo: alunos, professores e pais. A esse tipo de avaliação costuma-se ainda atribuir nota, conceito ou menção. É o que chamamos de avaliação formal.

A avaliação é um componente do ato pedagógico, ensina Luckesi (2011), destinando-se a "investigar a qualidade da aprendizagem dos educandos, a fim de diagnosticar impasses e consequentemente, se necessário, propor soluções que viabilizem os resultados satisfatórios desejados" (Luckesi 2011, p. 175). A investigação está a serviço da aprendizagem por viabilizar o conhecimento da realidade e a tomada de decisões de intervenção, quando preciso, acrescenta o autor.

Nesse cenário, a avaliação é dinâmica e construtiva, dando condições ao gestor da sala de aula de garantir a aprendizagem do educando. Para isso, ele agirá sempre como um pesquisador. Assim entendida, a avaliação se funda na crença em que todo educando aprende e, por aprender, se desenvolve (*ibidem*, p. 177). Investimento constante em sua aprendizagem é requerido.

O ato de avaliar é simples, considera o autor. Por meio dele, "perguntamos ao nosso educando se aprendeu o que ensinamos. Se o educando aprendeu, ótimo; se não, vamos ensinar de novo, até que aprenda, pois o importante é aprender" (*ibidem*, p. 178). Está, assim, declarado o comprometimento com a conquista de aprendizagens.

A avaliação cumpre três funções: formativa, diagnóstica e somativa. Será dado especial destaque à avaliação formativa, por ser a função que atende aos propósitos de uma educação que busque o desenvolvimento integral do ser humano, seja ela desenvolvida na educação básica ou no ensino superior.

Segundo Popham (2008), a expressão "avaliação formativa" foi usada primeiramente por Scriven (1967), em referência à avaliação de programas educacionais. Ele a contrastava à avaliação somativa (a que faz um balanço do que foi aprendido após determinado período ou qualquer atividade). Hoje não mais se faz essa oposição. Cada uma cumpre propósitos diferentes. Bloom (1969) tentou transferir o campo de atuação da avaliação formativa, criado por Michael Scriven, para a avaliação escolar, mas poucos educadores se interessaram pelo tema. Nas últimas décadas é que a avaliação formativa se voltou para a avaliação escolar.

A avaliação formativa tem sido tratada por estudiosos do assunto como a conduzida em sala de aula pelo professor. A introdução de um livro de Black *et al.* (2003, p. 2) afirma que a avaliação somente se torna formativa quando a "evidência é usada para ajustar o ensino às necessidades de aprendizagem". E mais: "Ela tem de estar sob o controle individual do professor e, por essa razão, mudança na prática avaliativa é parte integral e restrita ao trabalho diário do professor" (*ibidem*). Popham (2008) credita aos pesquisadores britânicos Paul Black e Dylan Wiliam o início do interesse por essa avaliação em todo o mundo.

A literatura sobre a avaliação formativa a apresenta como integrante do trabalho realizado em sala de aula por professores e estudantes. Contudo, algumas de suas características se aplicam à avaliação institucional, cujo objetivo principal é analisar o trabalho da escola, identificando seus pontos fortes, suas fragilidades e suas necessidades de melhoria, assim como os meios que possibilitem sua reorganização. O *feedback*, elemento essencial à avaliação formativa em sala de aula, também está presente na avaliação institucional, em formato diferente. A avaliação formativa tem o potencial de dar vigor à institucional. Já a avaliação em larga escala é essencialmente somativa. Contudo seus resultados, quando bem interpretados pela escola, por meio da avaliação institucional, acrescentam-se à avaliação formativa realizada em sala de aula, fortalecendo-a.

Desenvolvida sob a responsabilidade do professor ou do componente curricular, essa função avaliativa constitui o processo que possibilita acompanhar a conquista das aprendizagens pelos estudantes e promover intervenções assim que necessário. Cinco pressupostos estão, portanto, nessa concepção: responsabilidade do professor da turma ou do componente curricular, e não de outros profissionais; processo; conquista de aprendizagens; intervenções pedagógicas e registro. Sem o professor, a avaliação formativa não acontece. Por processo, entende-se que a avaliação se realiza ao longo do trabalho escolar, isto é, não é episódica, não tem momento certo e não se limita à aplicação de procedimentos/instrumentos. Avaliação e aprendizagem estão sempre atreladas, presentes em todos os momentos e espaços escolares.

O dicionário *Novo Aurélio Século XXI* (Ferreira 1999) esclarece o significado de processo: "ato de proceder, de ir por diante; curso, marcha; sucessão de estados ou mudanças; maneira pela qual se realiza uma operação". Assim entendido, o processo de avaliação formativa está em curso enquanto as aprendizagens ocorrem. Convém alertar que se trata de uma conquista pelos próprios estudantes, que não assistem à aula "dada" pelo professor; ao contrário, participam dela e de todas as demais etapas do trabalho. Se a avaliação for imposta, provavelmente as aprendizagens serão fugazes, passageiras; servirão somente para serem "devolvidas" ao professor por meio de procedimentos de avaliação. Para que o processo de conquista de aprendizagens se efetive, nenhum empecilho pode interrompê-lo: logo que as necessidades surgem, elas devem ser supridas por intervenções da escola. Intervenções pedagógicas são atividades oferecidas aos estudantes individualmente e em grupo, assim que necessárias, para que aprendam o que ainda não aprenderam e prossigam sem rupturas. A avaliação desenvolvida continuamente pelo professor, incluindo sua observação zelosa, indica aqueles que necessitam dessas intervenções, as mais adequadas e o momento exato de acontecerem. E em que momentos e lugares ocorrem? Cada contexto é que os apontará: na própria sala de aula, no turno contrário, como atividades realizadas em casa e outras formas apropriadas a cada situação. O importante é que nenhum estudante prossiga a programação curricular deixando lacunas em suas aprendizagens. Se fizermos da avaliação um exercício contínuo, ensina Méndez (2002, p. 17), não há razão para o fracasso, pois alguém chegará a tempo para evitar que "qualquer falha detectada se torne definitiva". Esse é o verdadeiro papel da escola.

A sistematização de intervenções pedagógicas reconfiguram o trabalho pedagógico. Propiciam sua reorganização a fim de torná-lo atual e articulado às necessidades de todos os estudantes. Uma escola democrática não tem planejamento fixo, mas constantemente adaptado. A avaliação formativa não dispensa esses rearranjos e as intervenções que possibilitam.

Hadji (1994, p. 117) amplia nossa compreensão, afirmando que o primeiro objetivo da avaliação formativa é permitir ao estudante saber o que se espera dele para que possa situar-se em função disso. Esse processo requer que o estudante conheça os objetivos de seu trabalho e até participe de sua construção. Como segundo objetivo, o autor acrescenta que essa avaliação se "esforça por fazer um diagnóstico das dificuldades do estudante, a fim de permitir-lhe encontrar-se num duplo sentido: compreender os seus erros e, em função disso, tornar-se capaz de os ultrapassar" (*ibidem*, p. 123). Nessa lógica, estão presentes a autoavaliação pelo estudante e a avaliação colaborativa entre professor e estudantes.

Méndez (2002, p. 16) complementa as contribuições de Hadji nos seguintes termos: "A avaliação que aspira a ser formativa deve estar continuamente a serviço da prática, para melhorá-la, e a serviço dos que dela participam e dela se beneficiam (...) deve ser recurso de formação e de aprendizagem".

O autor entende que nessa avaliação tudo se negocia: desde a justificativa da própria avaliação até seu formato e o papel de cada um. Ressalta a importância da negociação dos critérios de avaliação, da transparência de todo o processo e de sua integração ao currículo. É enfático ao afirmar: a avaliação não é um apêndice do ensino. O sentido da negociação dos critérios de avaliação "não é ceder diante dos alunos", entende Méndez (*ibidem*), mas construir o processo junto com eles, para que também se sintam responsáveis, o que é aprendizagem. Afinal, com avaliação também se aprende, conclui o autor.

Tão rico processo de construção de aprendizagens é registrado durante seu percurso por estudantes e professores. Tudo isso constitui a avaliação formativa. Novamente, valho-me do dicionário *Novo Aurélio Século XXI*, segundo o qual "formativo é o que dá forma a alguma coisa". Pode-se, então, entender que a avaliação formativa contribui para que o trabalho do estudante adquira a forma que conduz à construção permanente de aprendizagens.

A vocação da avaliação é ser formativa. Temos ouvido professores dizendo que querem praticar essa função da avaliação, mas notas ainda são priorizadas. O que fazer? Na escola comprometida com as aprendizagens, não há lugar para classificação, competição, punição e exclusão. Os registros são compostos não apenas por notas/conceitos/menções, mas também por todas as informações recolhidas e construídas ao longo do processo, principalmente por meio da observação atenta do professor. Acrescentam-se as reações dos estudantes, as atividades complementares, as intervenções realizadas etc., que também compõem avaliação. O conjunto de dados coletados ao longo do processo precisa ser incorporado a notas/conceitos/menções. Avaliar é um processo mais amplo. Por exemplo: um estudante pode ficar com média 5 após o professor somar o valor atribuído aos diferentes instrumentos utilizados ao longo de um bimestre, mas, se considerar os diversos momentos em que acompanhou o estudante, o docente analisa seu desempenho e atribui um valor superior. Desse modo, o processo formativo não se curva à avaliação somativa.

Assim, a adoção de notas não é um empecilho inicial para a prática da avaliação formativa. Se as notas forem drasticamente abolidas, o que será colocado em seu lugar? Pode ser construído em toda a escola um processo em que elas sejam minimizadas e consideradas decorrência, para que percam, aos poucos, seu lugar de destaque. É bem mais razoável. Trata-se de uma estratégia para que os professores se sintam confiantes em abraçar essa causa e saibam justificá-la aos pais/responsáveis. Lembremos: a avaliação formativa é um processo de construção coletiva. Não é imposto verticalmente. E, para assim ser, não é o caso de se desconstruir tudo o que vinha sendo feito para ter início uma "nova" avaliação. O bom senso, guiado pelo compromisso político de ensinar a todos, indica quais componentes desencadearão sua construção, os que virão em seguida e os que ficarão para outros momentos.

Uma avaliação da avaliação é bem-vinda. Essa escolha deve ser feita pela equipe de professores, levando em conta seu contexto de trabalho. Por exemplo: um professor pode perceber que, em sua turma, será mais fácil começar fortalecendo a colaboração entre os estudantes. Só isso já dá "pano pra manga". Outro prefere investir no oferecimento de intervenções pedagógicas para que nenhum estudante fique aquém do aprendizado da turma. Outro, menos confiante, deseja se aprofundar teoricamente e refletir sobre as características da turma para decidir com segurança o rumo a tomar. São várias as possibilidades. Contudo, essa deve ser uma tarefa colaborativa de professores e equipe pedagógica, porque causará impacto no desenvolvimento de todo o trabalho. Não nos esqueçamos do envolvimento de pais/responsáveis: eles têm condições de contribuir, e sua parceria dá força às ações escolares.

Sendo um processo que tem como objetivo as aprendizagens por meio de intervenções pedagógicas, diz-se que a avaliação formativa é *para* as aprendizagens, porque se movimenta em sua busca, produzindo novas ações e não se contentando com resultados. É incansável e inesgotável. Harlen (2006, p. 104) nos oferece clara distinção entre avaliação para as aprendizagens e avaliação da aprendizagem. A primeira diz respeito à tomada de decisões que afetam o ensino e a aprendizagem imediatamente, enquanto a segunda é usada para registrar e relatar o que foi aprendido no passado. Já ouvimos de alguns professores que essa distinção é mero jogo de palavras. Será? Não parece. O "para" indica o movimento de busca das aprendizagens, enquanto "das" aprendizagens se refere ao balanço de uma dada situação conferida após determinado tempo.

A palavra "formativa", diz Harlen (*ibidem*), refere-se à avaliação que promove as aprendizagens usando evidências do que os estudantes aprenderam, em relação aos objetivos que se pretende alcançar, para que sejam planejados os próximos passos e a maneira de atingi-los. Tão grandioso processo de avaliação usa meios diversos. Tudo o que os estudantes produzem e realizam é considerado. Não há procedimentos/instrumentos específicos para a avaliação formativa. A maneira de usá-los é que faz a diferença, como afirma Hadji (1994, p. 165):

> Não há nenhum instrumento que não pertença à avaliação formativa. (...) a "virtude" formativa não está no instrumento, mas, sim, se assim se pode dizer, no uso que dele fazemos, na utilização das informações graças a ele. O que é formativo é a decisão de uma progressão do aluno e de procurar os meios suscetíveis de agir nesse sentido.

Tomemos o exemplo da prova, que pode servir tanto à avaliação formativa quanto à somativa. No primeiro caso, não é o único procedimento, nem seus resultados são os mais importantes. Após aplicação, correção e imediato retorno de seus resultados aos estudantes, planejam-se juntamente com estes intervenções e, se necessário, uma nova prova é aplicada. Nesse caso, a primeira nota não é mantida. É acordado com com os estudantes como chegar à nota que expresse seu desempenho. Se a escola divulga notas por bimestre ou trimestre, as notas de provas não são as únicas. Combinadas com outros resultados, elas expressam o que cada estudante aprendeu no período. Uma saída educativa para esse processo é a participação dos próprios estudantes. Uma das aprendizagens que lhes é útil é a da autoavaliação e da avaliação por colegas e dos colegas, dos professores e da escola. Vê-se, então, que a avaliação formativa extrapola a dimensão individual. Mas é preciso cuidado. A autoavaliação, a avaliação por colegas e dos colegas, dos professores e da escola enriquecem sobremaneira a avaliação formativa quando praticadas de maneira respeitosa e inseridas no ambiente que valorize a colaboração e a participação. Requerem do coordenador das atividades segurança quanto a seus fundamentos. Não é o caso de ninguém se aventurar a introduzi-las sem os estudos necessários.

A observação é outro recurso enriquecedor, desde que bem compreendida, planejada e registrada. Todos nós observamos os fatos do dia a dia. O professor também faz isso; em seu caso, entretanto, realiza observação sistemática, isto é, planejada, com objetivos. Os registros produzidos podem ser de grande valia para a avaliação de cada estudante e para a reorganização do trabalho pedagógico. Para bem observar, o professor tem objetivos a cumprir. Ele não lança simplesmente o olhar sobre o que os estudantes realizam. Há um foco. Observar todos ao mesmo tempo? Impossível. A cada encontro com a turma, ele pode buscar olhar mais detidamente alguns, aqueles que, por alum motivo, chamam sua atenção. Ou observar o desenrolar das atividades por todos e se deter naqueles que chamam sua atenção. Para que não se percam, as informações coletadas devem ser anotadas o mais rapidamente possível. Será algo que sobrecarrega o professor? Não. Se ele mantiver a rotina de observação constante do progresso dos estudantes, assim como seu registro, essa prática constituirá auxílio para a tomada de decisões.

Quanto mais frequente é o contato entre professor e estudantes, maior é o leque de avaliações. Levando em conta cada contexto e cada componente curricular, o professor pode eleger um procedimento avaliativo para ser o carro-chefe do processo. O portfólio se presta bem a isso por oportunizar que a avaliação se expresse de diversas formas. Registros reflexivos são úteis quando o trabalho requer análises e produções de texto. A autoavaliação se articula muito bem a todos os procedimentos/instrumentos. A criatividade do professor e a sua competência profissional lhe mostrarão o caminho adequado.

Como já adiantamos, todas as atividades realizadas são avaliadas na perspectiva da avaliação formativa. Tomemos o exemplo de feiras de ciências ou outras. Geralmente, são atividades que agradam aos estudantes por requererem ação e criatividade. Como avaliar um trabalho tão promissor? Simplesmente por uma prova ao final? Seria frustrante e destruiria tudo o que foi colaborativamente desenvolvido. É então que a criatividade do professor e dos estudantes entra em jogo. Trabalho colaborativo exige avaliação colaborativa. Em conjunto, esses dois sujeitos planejam o processo de avaliação, a maneira de fazer os registros e definem os critérios. Certa vez, em uma escola de ensino médio, presenciei uma ação bem ao gosto da avaliação formativa. Durante a feira de ciências, uma comissão formada por professores e estudantes visitou cada estande, fez observações, entrevistou os expositores e preencheu um formulário avaliativo. Ao final, em sala de aula, o grupo (professores e estudantes) apresentou oralmente suas conclusões de forma qualitativa e atribuiu nota a cada equipe – uma exigência da escola. Em atividades como esta, embora a nota fosse desnecessária, observei que, por haver estudantes na comissão, ganharam realce a participação de cada um e o entusiasmo com que as atividades foram realizadas. A nota funcionou como mera decorrência, e a avaliação formativa foi assegurada.

Diante do que vimos analisando, podemos afirmar que a avaliação formativa se norteia pelos seguintes princípios: inclusão, intervenção, investigação, colaboração, continuidade e ética.

Dizer que a avaliação formativa é inclusiva é até um pleonasmo, pois essa é a sua marca. Ser inclusiva significa que ela se compromete com a conquista das aprendizagens de todos os estudantes. Ninguém pode ficar para trás. Avaliação e aprendizagem são faces da mesma moeda, ou, dito de outra forma, se interligam. Enquanto o processo de aprendizagem ocorre, a avaliação o acompanha para identificar se todos os estudantes estão aprendendo e o que lhes falta aprender. Pode-se dizer que a avaliação é a guardiã das aprendizagens. Em contrapartida, enquanto a avaliação atua, aprendizagens não previstas poderão acontecer.

Mas apenas conhecer o que os estudantes aprenderam ou não não basta. Entra em cena, ao longo do processo, a intervenção pedagógica. Esqueçamos a recuperação de aprendizagem, porque não se recupera o que não foi aprendido. Além disso, ela costuma ser oferecida muito tempo depois e geralmente para elevar as notas. O espírito da avaliação formativa não é esse. As intervenções são realizadas pelo/a professor/a assim que as necessidades surgem. Esse não é também um aspecto da inclusão? A não realização de intervenções pode excluir o estudante das aprendizagens.

Sendo inclusiva e interventiva, a avaliação formativa também é investigativa. E o que ela investiga? Está atenta ao que vem dificultando ou impedindo o avanço das aprendizagens. Por isso, diz-se que os professores são pesquisadores de sua própria atuação.

Todo esse processo avaliativo requer colaboração entre docentes, estudantes, coordenadores pedagógicos, gestores e pais/responsáveis. O professor responsável pela turma ou pela disciplina não pode ficar desamparado. O trabalho coletivo traz melhores resultados quando desenvolvido em grupo. Isso vale também para os estudantes: por meio de atividades realizadas em grupo, muitas aprendizagens têm lugar, e eles próprios exercitam a avaliação.

Por ser contínua, a avaliação formativa é aliada do professor e dos estudantes. Propicia a identificação das necessidades, facilitando o trabalho docente, munindo o professor de condições de apresentar aos pais a situação de aprendizagem de seus filhos. O mesmo acontece em reuniões com colegas e coordenadores pedagógicos, quando se discute o trabalho pedagógico em desenvolvimento. E mais: estão sempre formulando meios de promover as intervenções.

A ética é um princípio fundamental da avaliação. Na escola, lidamos com pessoas em processo de aprendizagem. Não cabe a avaliação informal punitiva, segregadora, negativa e desencorajadora. Lembremo-nos de que atitudes de interesse e disponibilidade em ajudar o/a estudante, assim como olhares de aceitação, fazem bem a qualquer um deles. Outro aspecto da ética consiste em não basearmos a avaliação em aspectos pessoais e familiares dos estudantes. Não se avalia sua pessoa, mas seu processo de aprendizagem. Os princípios anteriores (inclusão, intervenção, investigação, colaboração e continuidade) dão sustentação à ética.

A avaliação formativa contribui enormemente com o trabalho docente, porque lhe mostra se deve seguir com o planejado ou não e o que alterar.

Não nos esqueçamos do *feedback*. É um componente imprescindível à avaliação formativa. Trata-se de um forte coadjuvante da inclusão. Para que os estudantes avancem, precisam receber constantes informações sobre seu progresso e sobre necessidades de melhoria. Realizadas as atividades, merecem conhecer com que competência elas foram realizadas. Não bastam meias palavras, tais como: muito bem; ótimo; faça de novo; incompleto; parabéns. O que isso significa? Eles precisam saber em quais aspectos *ainda* não conseguiram avançar e como fazê-lo. O *feedback* não se dá por meio de notas. O que significa a nota 6? E a nota 9? Interessa saber o que ainda não foi aprendido. Aliás, é bom lembrar: *ainda* é uma palavra mágica quando se trata de avaliação formativa. Significa que, com orientação, todos avançarão.

Outro aspecto a considerar sobre o *feedback*: ele costuma ser confundido com devolutiva. A simples devolução de provas ou a entrega de notas não significa que houve *feedback*. Ele é mais do que isso. Para que assim seja considerado, é preciso que as informações sobre as atuais condições de aprendizagem sejam utilizadas para melhorá-las.

A função diagnóstica da avaliação pode se incorporar à função formativa ou ser considerada à parte. No primeiro caso, costuma ser desenvolvida no início e ao longo de todo o ano letivo, antes de serem introduzidas novas atividades, para que o professor conheça as aprendizagens já construídas e possa planejar o trabalho pedagógico. É um meio de se aproximar de cada um individualmente e começar a ganhar sua confiança. Várias estratégias podem ser desenvolvidas nesse sentido: conversas com os estudantes e pais/responsáveis, atividades escritas, observação, análise de resultados. Torna-se necessário que o professor entenda que a situação de estudantes que não obtiveram sucesso em momentos anteriores não deverá influenciá-lo a dispensar-lhes atendimento inferior ao dos colegas considerados "adiantados". A avaliação formativa é direito de todos.

A função diagnóstica, associada ou não à formativa, dá segurança ao professor para organizar um trabalho que possibilite aos estudantes alcançarem os resultados esperados. Luckesi (2011, p. 197) adverte que chamar a avaliação de diagnóstica é pleonasmo, "porque toda avaliação pelo próprio fato de ser avaliação deve ser diagnóstica. Trata-se de característica constitutiva sua".

Já a avaliação somativa tem características próprias. Uma das grandes diferenças entre ambas é que a formativa se realiza durante o trabalho desenvolvido com os estudantes. Não tem hora marcada. Todas as atividades são avaliadas, formal e/ou informalmente. Os resultados obtidos por meio de procedimentos formais se articulam e resultam na reorganização do trabalho, de modo a beneficiar todos. Não é o caso da somativa: tem hora para acontecer; faz um balanço da conquista das aprendizagens em certos componentes curriculares ou em todos, durante determinado período; costuma ser realizada por intermédio de provas; pode ser realizada pela escola, não com o propósito de fazer ranqueamento por meio de notas, mas de identificar a situação de aprendizagem, com vistas à tomada de decisões; pode ser realizada pelo sistema de ensino, não para produzir ranqueamento de escolas, mas para conhecer o desempenho dos estudantes e promover as mudanças necessárias. Assim concebida, essa função avaliativa não se destina a promover nenhum tipo de exclusão. Ela assim o fará se a escola, de posse de informações sobre a situação de aprendizagem dos estudantes, não tomar providências para que aprendam o que ainda não foi alcançado

Diferentemente do que se costuma afirmar, as avaliações formativa e somativa não se contrapõem, mas têm propósitos diferentes. É também comum ouvirmos que a diferença fundamental entre a avaliação somativa e a formativa é o momento de sua realização, sendo a somativa desenvolvida ao final do processo e a formativa durante o processo. Acontece que as duas podem ser realizadas em ambos os momentos. Seus objetivos é que são diferentes.

Entendimentos dessa natureza partem, em geral, de pessoas que confundem a avaliação somativa com a classificatória, concebendo-a como mais uma função da avaliação. Considerando-se que a palavra "função" significa, segundo o dicionário *Novo Aurélio Século XXI*, "ação própria ou natural", não é próprio da avaliação classificar. A avaliação classificatória não é, portanto, somativa, tampouco formativa, uma vez que abandona à própria sorte os estudantes que requerem mais apoio para a conquista das aprendizagens. A avaliação formativa acolhe a todos, indistintamente.

Referências bibliográficas

BLACK, P. *et al.* (2003). *Assessment for learning: Putting it into practice.* Maidenhead: Open University Press.

BLOOM, B.S. (1969). "Some theoretical issues relating to educational evaluation". *In*: TYLER, R.W. (org.). *Educational evaluation: New roles, new means – The 68th yearbook of the National Society for the Study of Evaluation, part II.* Chicago: University of Chicago Press.

FERREIRA, A.B. de H. (1999). *Novo Aurélio Século XXI: O dicionário da língua portuguesa.* Rio de Janeiro: Nova Fronteira.

FREITAS, L.C. *et al.* (2009). *Avaliação educacional: Caminhando pela contramão.* Petrópolis: Vozes. (Fronteiras Educacionais)

HADJI, C. (1994). *A avaliação, regras do jogo: Das intenções aos instrumentos.* Porto: Porto Ed.

HARLEN, W. (2006). "On the relationship between assessment for formative and summative purposes". *In*: GARDNER, J. (org.). *Assessment for learning.* Londres: Sage.

LUCKESI, C.C. (2011). *Avaliação da aprendizagem: Componente do ato pedagógico.* São Paulo: Cortez.

MÉNDEZ, J.M.A. (2002). *Avaliar para conhecer, examinar para excluir.* Porto Alegre: Artmed.

POPHAM, W.J. (2008). *Transformative assessment.* Alexandria: ASCD.

SCRIVEN, M. (1967). "The methodology of evaluation". *In*: TYLER, R.W.; GAGNÉ, R.M. e SCRIVEN, M. (orgs.). *Perspectives of curriculum evaluation*, v. I. Chicago: Rand McNally.

VILLAS BOAS, B.M. de F. (org.) (2017). *Avaliação: Interações com o trabalho pedagógico.* Campinas: Papirus.

4
FEEDBACK: RECURSO IMPRESCINDÍVEL À AVALIAÇÃO FORMATIVA

Benigna Villas Boas

A avaliação formativa requer o uso constante do *feedback* (Black e Wiliam 1998, p. 7; Sadler 1989, p. 120), que diz respeito à informação, ao próprio estudante, de quão bem-sucedido ele está sendo em suas aprendizagens. Alerta Sadler que poucas habilidades físicas, intelectuais e sociais podem ser desenvolvidas satisfatoriamente apenas falando ao estudante sobre elas. A maioria requer prática em ambiente apoiador, que favoreça o entrelaçamento de *feedbacks*. O professor é quem melhor conhece o que os estudantes precisam aprender, podendo, com isso, reconhecer e descrever o desempenho desejável, bem como indicar o modo como o desempenho ainda incipiente pode ser melhorado.

O *feedback* pode ser definido também em relação a seu efeito, em vez de se referir somente às informações que fornece, como concebe Ramaprasad (*apud* Sadler 1989, p. 120): "*Feedback* é informação sobre a distância entre o nível atual e o nível de referência de um parâmetro sistêmico usado para alterar essa distância de alguma forma". Traz contribuições ao professor e ao estudante. O primeiro o usa para decisões programáticas sobre prontidão, diagnose e recuperação; o segundo, para acompanhar as potencialidades e as fraquezas de seu desempenho, a fim de que aspectos associados a sucesso e alta qualidade possam ser reconhecidos e reforçados, assim como aspectos insatisfatórios possam ser modificados ou melhorados.

Sadler salienta que a importância da contribuição de Ramaprasad reside no fato de ele entender que a informação sobre a distância entre o nível atual e o de referência só pode ser considerada *feedback* se usada para sua alteração. Se a informação for simplesmente registrada, entregue a pessoas não diretamente envolvidas ou que não têm o poder de modificá-la, ou ainda apresentada de forma tão codificada que impeça a execução da ação apropriada, os dados obtidos tornar-se-ão inúteis para um *feedback* efetivo. Depreende-se, então, que o *feedback* é transmitido diretamente aos estudantes de maneira individual se disser respeito a um deles em particular, ou a um grupo, se todos apresentarem as mesmas necessidades. Assim sendo, no contexto da avaliação formativa, o *feedback* não tem o objetivo de melhorar a nota ou a menção. A nota pode ser contraprodutiva para propósitos formativos, diz Sadler (*ibidem*, p. 121). O compromisso do *feedback* é, pois, com a aprendizagem, e não com as notas.

A avaliação da qualidade do trabalho ou do desempenho do estudante exige que o professor possua concepção de qualidade apropriada à tarefa e seja capaz de julgar de acordo com tal concepção. O estudante, por sua vez, precisa ter concepção de qualidade similar à do professor, ser capaz de monitorar continuamente a qualidade do que está sendo produzido durante o próprio ato de produção e ter repertório de encaminhamentos ou estratégias aos quais possa recorrer. Isso significa que tem de ser capaz de julgar a qualidade de sua produção e de regular[1] o que está fazendo enquanto o faz.

A prática do *feedback* requer que o estudante: a) conheça o que se espera dele (objetivos da aprendizagem); b) seja capaz de comparar seu nível atual de desempenho com o esperado; e c) se engaje na ação apropriada que leve ao fechamento da distância entre os níveis. Essas condições são satisfeitas simultaneamente; não são etapas a serem vencidas de maneira isolada (*ibidem*).

O mesmo autor explica a diferença entre *feedback* e automonitoramento. Se o próprio estudante gera a informação necessária ao prosseguimento de sua aprendizagem, esse procedimento é parte do automonitoramento. Se a fonte de informação lhe é externa, é associada a *feedback*. Em ambos os casos, busca-se a eliminação da distância entre os níveis de desempenho atual e o de referência. A avaliação formativa inclui o *feedback* e o automonitoramento. É necessário salientar que o objetivo do trabalho pedagógico é facilitar a transição do *feedback* para o automonitoramento. Esse é o processo de desenvolvimento da autonomia intelectual do aluno em todos os contextos educacionais, sobretudo os dedicados à formação de professores.

Para que as condições apontadas por Sadler possam ser cumpridas pelos estudantes, o contexto do trabalho pedagógico tem de possibilitar que eles participem da formulação dos objetivos de aprendizagem. O autor propõe uma lógica escolar em que eles sejam realmente protagonistas e não fiquem à espera de que o professor decida tudo por eles. Esse é o caminho para a formação de cidadãos independentes e críticos.

Sadler (*ibidem*, p. 142) nos ensina que, para que os estudantes aprendam, precisam saber como estão progredindo. O *feedback* geralmente é entendido como informação dada ao estudante sobre o desenvolvimento de seu trabalho: se atende aos objetivos, se houve avanços, que aspectos precisam ser melhorados etc. Em quase todas as situações educacionais, o trabalho dos estudantes não pode ser avaliado simplesmente como correto ou incorreto. A qualidade do trabalho é determinada por

---

1. Segundo Allal e Lopez (2005, p. 245), a regulação da aprendizagem engloba o *feedback* e a adaptação, podendo assumir três formas. A primeira é a regulação interativa, que ocorre quando a avaliação formativa se baseia em interações do aluno com os vários componentes da aprendizagem, como o professor, os outros alunos e materiais facilitadores da regulação propriamente dita. A integração das diferentes formas de regulação interativa com a atividade possibilita adaptações contínuas enquanto a aprendizagem se desenvolve. A segunda forma é a regulação retroativa, que acontece quando a avaliação formativa se realiza após a "fase de ensino" e permite a identificação dos objetivos alcançados ou não por cada aluno. O *feedback* advindo da avaliação conduz à seleção de meios para superação das dificuldades encontradas pelos alunos. Isso corresponde ao entendimento de "remediação" presente na concepção inicial de avaliação formativa por Bloom (1968). A terceira forma de regulação, a proativa, se dá quando diferentes fontes de informação possibilitam a preparação de atividades pedagógicas que levem em conta as diferenças entre os alunos. Diferentemente da segunda forma, centra-se na diferenciação do trabalho pedagógico e não na ideia de remediação das dificuldades de aprendizagem; volta-se para o enriquecimento e a consolidação das atividades.

julgamento qualitativo. Nesse caso, a definição tradicional de *feedback* é insuficiente. São necessárias as condições apontadas anteriormente.

O aprimoramento do trabalho do estudante é alcançado se o professor lhe oferece orientação e se ele a segue. Isso, porém, pode fazer com que o estudante se torne dependente dessa orientação. Surge, então, a proposta de Sadler no sentido de que os estudantes desenvolvam habilidades para avaliar a qualidade do próprio trabalho durante sua realização. A transição do *feedback* professor-estudante para o automonitoramento por este último não acontece de maneira automática. O desenvolvimento da capacidade de avaliação do próprio trabalho faz parte das aprendizagens a serem adquiridas. A vivência de práticas avaliativas assim concebidas é condição necessária para o desenvolvimento da capacidade avaliativa e, consequentemente, para o automonitoramento inteligente. É insuficiente para o estudante restringir-se ao julgamento do professor.

O desenvolvimento da avaliação formativa requer que o processo de transição do *feedback* professor-estudante para o automonitoramento por este último seja construído por ambos.

Autores como Weeden, Winter e Broadfoot (2002) recomendam que o *feedback* seja oferecido o mais rapidamente possível. Pode ser escrito ou oral, individual ou coletivo. Enquanto as atividades se desenvolvem, em sala de aula ou em outros espaços, o professor observa o desempenho individual e da turma como um todo, orientando sua continuidade. Dependendo da situação e da necessidade, ele oferece *feedback* individual e cria oportunidades para que os estudantes façam o mesmo com os colegas. São momentos de encorajamento e parceria. Sua sensibilidade aponta os melhores meios e momentos.

Quando o *feedback* é escrito pelo professor, alguns cuidados devem ser tomados, tais como:

Combinar com os estudantes com que propósito os registros serão feitos. Serão usados com qual finalidade? Serão apresentados em reuniões de professores? Aos pais? Circularão entre os estudantes? Ou serão conhecidos apenas pelo estudante-autor? Os estudantes se sentirão à vontade ou não com as observações feitas pelos professores se souberem a que propósitos estas servirão. É importante destacar que as negociações feitas são seguidas à risca. Tudo deve ser acertado com o grupo.

Combinar com eles a forma de apresentação escrita das observações: na própria produção do estudante? Em folha à parte? Com uma caneta colorida qualquer? Há estudantes que não gostam de ter suas produções marcadas com tinta vermelha por entenderem que isso as desmerece. Outros preferem a cor por acharem que as observações se destacam. Entendo que não devem ser feitas com lápis para que a escrita não seja apagada.

Discutir com eles o que foi recomendado ou sugerido por escrito para que se tenha certeza de que todos, professor e estudante, tenham o mesmo entendimento. Um tempo na sala de aula precisa ser reservado para essa tarefa.

É preciso ainda escrever comentários que possam ser compreendidos. Muitas vezes, eles são tão lacônicos que não transmitem a mensagem desejada. Por exemplo: "detalhes?", ou "apenas isso?", ou ainda "podia ser melhor", "não gostei", "você é capaz de fazer melhor", "muito bom", "por favor, termine", "responda a todas as questões" ou ainda "precisa melhorar". Além disso, são desrespeitosos. Se queremos formar cidadãos solidários e capazes de ter inserção social crítica, precisamos cuidar de todos os detalhes. A avaliação é uma categoria do trabalho pedagógico que oferece amplas possibilidades de formação.

É fundamental escrever de forma legível e respeitosa. Comentários rabiscados dão a impressão de pressa, pouca importância e desleixo.

Referências bibliográficas

ALLAL, L. e LOPEZ, L.M. (2005). "Formative assessment of learning: A review of publications in French". *In:* OECD. *Formative assessment: Improving learning in secondary classrooms*. Paris: OECD Publishing.

BLACK, P. e WILIAM, D. (1998). "Assessment and classroom learning". *Assessment in Education: Principles, Policy and Practice*, v. 5, n. 1, mar. Londres: Carfax.

BLOOM, B.S. (1968). "Learning for mastery". *Evaluation Comment*, v. 1, n. 2, pp. 1-12.

RAMAPRASAD, A. (1983). "On the definition of feedback". *Behavioral Science*, v. 28, jan., pp. 4-13.

SADLER, R. (1989). "Formative assessment and the design of instructional systems". *Instructional Science*, n. 18, jun., pp. 119-144.

WEEDEN, P.; WINTER, J. e BROADFOOT, P. (2002). *Assessment: What's in it for schools?*. Londres: Routledge; Nova York: Falmer.

5
AVALIAÇÃO: QUAL É O SEU LUGAR?

Enílvia Rocha Morato Soares

A organização dos estudantes em classes ou turmas – modelo vigente há mais de um século no Brasil e no mundo – trouxe a necessidade de organizar os espaços escolares, incluindo a sala de aula. Ainda que não seja o único lugar onde a aula[1] aconteça, a sala de aula se destaca por incorporar, na maior parte dos edifícios escolares convencionais, o desafio de sediar a educação formal, garantindo que os processos de ensino-aprendizagem se efetivem, assegurando a todos o acesso à cultura e aos proveitos alcançados por meio dela.

Por comportar grande número de estudantes, as salas de aula foram, a princípio, organizadas para facilitar a vigilância sobre eles – desde sua localização no âmbito da escola, logo após o átrio da entrada e da sala do diretor, segundo Estrela (2015), até seu interior com carteiras duplas enfileiradas. Ainda segundo a autora, a parte externa das salas de aula,

> a fachada, foi se modificando com o tempo, conforme o estilo arquitetônico de cada época, mas a organização espacial interna, ou seja, a arrumação do mobiliário no espaço, não se modificou. As carteiras continuam enfileiradas em duplicidade; o quadro-negro ou branco à frente delas; e o professor em posição de destaque, continuando sua vigília e controle, ou seja, o mesmo *layout* usado nos tempos republicanos. (*Ibidem*, p. 3)

A predominância da organização escolar em séries no Brasil (Mainardes 2009), que conserva turmas fixas em períodos prévia e rigidamente determinados, contribui para manter vivo o formato de um professor para um aglomerado de estudantes em espaço restrito, bem como a ideia de fiscalização e controle sobre eles, demandando arranjos espaciais coniventes com tal propósito. Carteiras e cadeiras

---

1. Compreendida como espaço e tempo em que se efetiva o ato educativo (Xavier e Fernandes 2008).

voltadas a um ponto único para o qual os estudantes devem se atentar parecem, para muitos professores, a disposição que possibilita o convívio harmônico de uma grande quantidade de estudantes por longos períodos de tempo.

Soma-se ao tradicionalismo ainda presente na organização das salas de aula o modo como os estudantes as ocupam e as representações criadas pelos professores a esse respeito, incidindo sobre as avaliações que praticam formal ou informalmente.

Uma pesquisa realizada por Sá Earp (2007) apontou a existência de uma lógica incorporada às representações dos professores que os induz a selecionar os estudantes para os quais esforços são investidos no sentido de ensiná-los, reprovando os demais. "Os professores focam alguns alunos e não todos. Tudo se passa como se alguns alunos estivessem incluídos na relação de ensino do professor na sala de aula e outros não" (Sá Earp 2007, p. 145).

Embora não estabeleça relação com os locais onde os estudantes costumam se sentar, a autora assegura haver, na estrutura da sala de aula, uma "cultura" da repetência. Denominada "centro-periferia" (*ibidem*), essa estrutura é determinada pela maneira de agir do professor, que dirige o ensino aos estudantes no "centro", uma vez que são os que têm interesse, prestam atenção e/ou querem aprender, em prejuízo dos demais ou dos "periféricos", que, por serem menos ensinados, são reprovados.

Informações obtidas com professores e estudantes de uma turma do 9º ano do ensino fundamental de uma escola localizada no Recanto das Emas, no Distrito Federal, indicam que, em alguns casos, a definição dos estudantes "centrais" e "periféricos" pode ter relação com o lugar onde se acomodam na sala de aula.

Em 2017, a escola pesquisada passou a integrar o conjunto de instituições públicas do Distrito Federal que aderiram à organização escolar em ciclos. Embora se saiba que essa forma de organizar a escola tenha a prerrogativa de prescindir da rigidez de tempos e espaços, o campo investigado mostrou-se bastante preso ao "ensino frontal" (Candau 2015, p. 60), perspectiva ainda prevalecente nas escolas brasileiras.

Embora chamadas por estudantes e professores de "salas-ambiente" e receberem diferentes turmas de estudantes a cada horário de aula, as salas contavam com um quadro branco em uma das paredes e carteiras e cadeiras alinhadas diante dele, duas a duas ou uma a uma. Essa organização espacial pressupõe a hegemonia de aulas com a atenção dos estudantes voltada para um expositor ou para a realização de atividades individuais ou em duplas. Em ambos os casos, a figura do professor se destaca pela preponderância que assume em processos de ensino-aprendizagem, seja ele conduzido de forma global ou particularizada.

O protagonismo conferido ao professor coloca em relevo as significações[2] por ele constituídas acerca dos diferentes aspectos que compõem o ato educativo, incluindo os fatores que o influenciam. Segundo os estudantes interlocutores do estudo, o lugar por eles ocupado em sala de aula constitui aspecto que interfere nos juízos que os professores formulam a seu respeito.

Declarações dos estudantes sustentando que "os professores acham que quem senta na frente é mais estudioso, *tá* mais interessado em estudar", ou "eles acham que, se a gente estiver atrás, a gente vai

2. "Relação entre sentidos e significados constituídos pelos sujeitos frente à realidade na qual atuam" (Aguiar, Soares e Machado 2015, p. 59).

ficar conversando e atrapalhando a aula *dele*", foram ratificadas pelos próprios professores. Afirmativas como "com certeza, aqueles que sentam na frente conseguem aprender mais"; "muitas vezes aqueles estudantes que sentam no fundo são mais indisciplinados e desinteressados"; "acredito que os alunos que se sentam na frente se concentram mais e acompanham melhor os conteúdos trabalhados"; ou ainda "de maneira geral, os alunos que sentam na frente prestam atenção na aula, sentem-se mais à vontade para tirar dúvidas e tendem a fazer os exercícios propostos em sala" confirmam o pressuposto dos estudantes.

Concepções dessa natureza se perderiam em importância não fossem as influências da avaliação informal sobre a formação dos estudantes, repercutindo sobre sua trajetória escolar e pessoal (Villas Boas 2017). Mesmo isenta de registros e valor legal, como acontece com a avaliação formal, a avaliação informal se agiganta pela frequência e pela sutileza com que acontece, constituindo, assim, ato político e integrado ao trabalho pedagógico.

A ideia de que a avaliação formal termina por confirmar a avaliação informal torna ainda mais complexos os julgamentos que classificam os estudantes segundo sua localização espacial em sala de aula. A profecia antecipada dos que conseguirão ou não aprender tende a determinar o tratamento a eles dispensado pelo professor, em função dos juízos de valor que lhes são atribuídos.

Exemplos de distintos modos de interação com os professores foram destacados pelos estudantes quando afirmaram que "eles [os professores] são mais amigos de quem senta na frente porque acham que são mais estudiosos"; ou ainda "antes eu sentava perto da cadeira do professor, aí eu era sempre a aluna mais exemplar, essas coisas... mas, mesmo eu continuando da mesma forma, como eu sento mais atrás, eles não dão muita atenção".

Considerando-se que "a afetividade contribui positivamente na aprendizagem do conteúdo, uma vez que a forma como os docentes se relacionam com os educandos reflete diretamente nas relações dos alunos com o conhecimento" (Soares, Matias e Viana 2016, p. 95), as variações que marcam as relações estabelecidas entre os professores e os estudantes indicam maior exclusão daqueles que se sentam no fundo da sala de aula.

Efeitos dos diferentes juízos elaborados pelos professores recaem ainda sobre o atendimento prestado aos estudantes em meio a processos de ensino-aprendizagem, tornando mais preocupante a seleção decorrente da distinção feita entre os grupos do "gargarejo", do "meio" e do "fundão". Observação feita pelos estudantes de que "eles [os professores] vão [atendem, tiram dúvidas] primeiro nas pessoas que estão na frente", é reafirmada pelos professores ao admitirem ser "mais fácil e comum atender os alunos que vemos mais fácil"; ou ainda ser "bem mais difícil atender os alunos que se sentam no fundo da sala... por vezes só consigo acompanhar bem aqueles que estão próximos a mim", confirmando que o trabalho pedagógico desenvolvido em sala de aula pode responder melhor a uma parcela de estudantes em prejuízo de outra(s).

Essa seletividade – característica de sociedades capitalistas sustentadas por ideais neoliberais que investem nesse recurso como meio de eternizar as desigualdades que marcam as relações sociais, mantendo os indivíduos em suas classes de origem – parece, dessa maneira, ecoar em grande parte das escolas por meio de avaliações informais constituídas de forma acrítica e irrefletida.

Os estudantes contestaram, entretanto, a conexão estabelecida pelos professores entre o local onde se sentam e as aprendizagens que constroem no âmbito escolar. Mesmo considerando ser "mais fácil ficar atento quando se senta à frente porque, não tendo outras pessoas à sua frente, você não fica vendo o que elas estão fazendo" e admitindo que procuravam mudar de lugar sempre que precisavam "escutar melhor a professora", os estudantes asseguraram não haver relação entre o lugar onde se sentam e os saberes que adquirem, afirmando: "Eu sou estudiosa e nem sempre sento na frente", ou "em algumas aulas, gosto de sentar atrás e, mesmo assim, consigo prestar atenção".

No entanto, as justificativas utilizadas pelos estudantes para discordar dos professores estiveram sempre pautadas por sua condição pessoal de aprender, independentemente do modo como eram atendidos em suas necessidades.

> Porque isso... tipo assim, quando eu fico sem nota é porque eu não estudei. Aí, tipo no 1º bimestre, que eu fui muito *ruim*. Aí, no 2º eu continuei sentando no fundo, mas estudei mais aí eu consegui recuperar grande parte da minha nota. Mesmo sentando no fundo. As minhas notas dependem de mim. Quando o professor *tá* explicando, eu tenho que prestar atenção. (Estudante colaboradora do estudo)

Os professores que relativizaram a relação entre o espaço ocupado pelos estudantes em sala de aula e o desempenho por eles evidenciado usaram também o argumento do interesse discente para justificar seu posicionamento. Foi dito por eles: "Depende do foco e interesse do estudante e, apesar do lugar em que sentam influenciar de certa forma, a postura e o interesse deles [dos estudantes] interessa muito mais".

A dicotomia entre ensino e aprendizagem expressa nas falas de estudantes e professores reforça o discurso hegemônico da classe dominante de que há ensino independentemente da ocorrência de aprendizagens e de que estas são conquistas que resultam somente do querer e do esforço do aprendente. O ensino, assim, se dissocia de seu par dialético, a aprendizagem, e a avaliação se vê destituída do papel mediador desse processo, passando a ocupar uma posição final de julgamento do que foi ou não "aprendido" para fins de valoração do resultado do esforço empreendido. Nessa direção, o balanço feito de tempos em tempos em atendimento a exigências legais de valorar o aprendido perde sua condição de contribuir para uma prática avaliativa formativa, colocando os estudantes e suas famílias como responsáveis únicos ou majoritários do progresso escolar. Constituem, portanto, avaliações que eximem o professor do compromisso de buscar alternativas para superação dos não incomuns obstáculos que se interpõem no caminho rumo à construção de aprendizagens emancipadoras.

Vale destacar que a reflexão aqui apresentada se assenta na materialidade da realidade das escolas, em especial, da instituição de ensino investigada, sem, no entanto, ignorar a necessidade da diversificação de estratégias didáticas e da (re)organização de espaços que possibilitem viabilizá-las, rompendo com configurações espaciais historicamente postas a serviço da marginalização e da exclusão de parte significativa dos estudantes.

Emerge, nesse contexto, a necessidade de garantir espaços formativos que permitam desofuscar, desnaturalizar e banir significações classificatórias, que rotulam estudantes conforme o lugar em que se sentam, e, em contrapartida, pensar novas formas de organização da aula e novos espaços para que ela se efetive na perspectiva de ensinar a todos. Como local de formação inicial e continuada, a escola (incluindo a universidade) constitui espaço com condições de contribuir nessa direção, extrapolando discussões usuais e parciais que se ocupam apenas dos recursos e das técnicas utilizadas em sala de aula. Embora importante, a socialização de meios e maneiras para organização da aula e do espaço em que ela acontece não se mostra suficiente, demandando análises que rompam com práticas que, mesmo aparentando neutralidade, contribuem para negligenciar a uma parcela de estudantes aprendizagens que lhes cabem por direito.

Referências bibliográficas

AGUIAR, W.M.J.; SOARES, J.R. e MACHADO, V.C. (2015). "Núcleos de significação: Uma proposta histórico-dialética de apreensão das significações". *Cadernos de Pesquisa*, v. 45, n. 155, pp. 56-75.

CANDAU, V.M. (2015). "Professor/a: Profissão de risco?". *In*: CANDAU, V.M. e SACAVINO, S.B. (orgs.). *Educação: Temas em debate*. Rio de Janeiro: 7 Letras.

ESTRELA, L.R. (2015). "A sala de aula e suas conexões espaciais". 8º Encontro Internacional de Formação de Professores (Enfope). *Anais Eletrônicos*. [Disponível na internet: https://eventos.set.edu.br/index.php/enfope/article/view/1501/364, acesso em 31/8/2015.]

MAINARDES, J. (2009). *A escola em ciclos: Fundamentos e debates*. São Paulo: Cortez.

SÁ EARP, M.L. (2007). "Centro e periferia: Um estudo sobre a sala de aula". XXX Reunião Anual da Anped, out. Caxambu. [Disponível na internet: http://30reuniao.anped.org.br/trabalhos/GT04-3453--Res.pdf, acesso em 1/9/2015.]

SOARES, C.P.G.; MATIAS, A.F. e VIANA, T.V. (2016). "Educação em prisões e humanização: Reflexões a partir da colonialidade e da descolonialidade do ser". *In*: SOARES, C.P.G. e VIANA, T.V. (orgs.). *Educação em espaços de privação de liberdade: Descerrando grades*. Jundiaí: Paco.

VILLAS BOAS, B.M. de F. (2017). "Avaliação informal na escola: Encorajando atitudes sociais e educacionais desejáveis". *In*: VILLAS BOAS, B.M. de F. (org.). *Avaliação: Interações com o trabalho pedagógico*. Campinas: Papirus.

XAVIER, O.S. e FERNANDES, R.C. (2008). "A aula em espaços não-convencionais". *In*: VEIGA, I.P.A. (org.). *Aula: Gênese, dimensões, princípios e práticas*. Campinas: Papirus.

6
ARTICULAÇÃO DOS TRÊS NÍVEIS DA AVALIAÇÃO: EM SALA DE AULA, DO TRABALHO PEDAGÓGICO DA ESCOLA E EM LARGA ESCALA

Benigna Villas Boas

A escola convive com os três níveis da avaliação: em sala de aula, do trabalho pedagógico da escola e em larga escala. Cada um deles possui sua importância e contribui para o que podemos denominar "avaliação na escola". A avaliação desenvolvida em sala de aula é a que tem recebido mais atenção. Em livros sobre avaliação, costuma ser a única abordada, embora os outros dois níveis estejam em ação e a influenciem. É a avaliação conduzida sob a responsabilidade do professor e a mais visada por pais/responsáveis. Em um dos textos anteriores, comentamos que esse nível cumpre as seguintes funções: diagnóstica, formativa e somativa. Desenvolve-se principalmente na sala de aula, mas é influenciada pelas que ocorrem em outros ambientes escolares.

A avaliação do trabalho pedagógico da escola por ela própria (autoavaliação), também conhecida por avaliação institucional, tem como referência seu projeto político-pedagógico. Realiza-se de forma participativa por todos os que nela atuam, incluindo os pais/responsáveis.

O terceiro nível, a avaliação em larga escala, constitui-se de testes ou exames organizados por equipes de secretarias de educação do governo municipal ou estadual ou de órgão nacionais e internacionais. Cumprem função somativa, isto é, produzem dados sobre o desempenho dos estudantes da educação básica em momentos previamente estabelecidos.

A avaliação das aprendizagens é a mais conhecida e a ela se dedica mais atenção pelo fato de determinar o percurso dos estudantes na escola e influenciar suas decisões futuras. Contudo, essa avaliação, isoladamente, não contribui para que a escola desenvolva trabalho de qualidade social. Trata-se de ingenuidade investir apenas na avaliação das aprendizagens em sala de aula, quando estão presentes inúmeras aprendizagens na instituição. Precisamos entender que toda a escola precisa da avaliação. De forma intencional ou não, avaliam-se todas as suas atividades, assim como a atuação de todos os seus profissionais. Quando a escola olha para si, isto é, organiza e desenvolve sua autoavaliação, sua atuação passa a ser valorizada pelo sistema de ensino e pela comunidade em que se situa. É o que chamamos de avaliação institucional, e ela só faz sentido se contar com a participação de todos os envolvidos.

Todos ganham com a avaliação institucional participativa: a escola passa a ser mais valorizada pelo sistema de ensino e pela comunidade escolar, que se percebe representada, e, no futuro, os estudantes vão se espelhar nesse formato avaliativo em suas atividades profissionais. Pensar a escola a partir dela própria, consideram Sordi e Lüdke (2009, p. 4), significa tornar os que nela atuam protagonistas do processo decisório, concedendo-lhes fala em todas as situações. O processo de avaliação institucional eleva a avaliação à condição de impulsionadora do trabalho pedagógico da sala de aula e de toda a escola.

Nesse contexto, ganha relevo a avaliação do trabalho dos professores não somente para desvelar o que praticam em benefício das aprendizagens dos estudantes e em que aspectos necessitam de ajuda, mas também para apontar as necessidades de formação inicial e continuada. Essa avaliação oferece grande contribuição aos cursos de licenciatura para que se mantenham atualizados quanto ao trabalho das escolas de educação básica, em especial, a avaliação que praticam.

Sordi e Lüdke (2009, p. 16) oferecem excelente contribuição sobre a participação dos profissionais da escola na avaliação institucional:

> Ao deixarem de ser apenas avaliadores e começarem a ser também objeto de avaliação, os profissionais das escolas são desafiados a desenvolver relações mais maduras com a avaliação e com os avaliadores de seu trabalho, sob pena de não acrescentarem qualidade política ao processo.

As relações mais maduras com a avaliação, para que os profissionais acrescentem qualidade política ao processo, somente serão possíveis se eles forem letrados em avaliação, isto é, incorporarem saberes sobre avaliação em seus três níveis, reconhecerem como eles se entrelaçam, assim como fizerem uso de práticas avaliativas formativas. Esses profissionais, quando letrados desse modo, atuam integradamente e em sintonia. Afinal, vários deles acompanham de perto as atividades de um mesmo estudante. Sabemos que há professores que fazem exigências absurdas às atividades, outros são condescendentes e um número deles compreende e utiliza a avaliação como aliada do processo de aprendizagem. São esses últimos, os letrados em avaliação, potencialmente capazes de avaliar visando produzir aprendizagens.

Em um texto publicado em 1991, Stiggins faz uma crítica aos Estados Unidos, dizendo que, naquela época, se tratava de uma nação de iletrados em avaliação, porque se importavam muito com padrões elevados de rendimento e eram incapazes de entender se esses padrões estavam sendo alcançados (*apud* Camargo e Scaramucci 2018, p. 225). Os iletrados em avaliação, complementa o autor, "carecem de ferramentas para serem consumidores críticos dos dados gerados pela avaliação" (Stiggins, *apud* Camargo e Scaramucci 2018, p. 228). As autoras comentam que, para Stiggins, o grau de letramento de uma nação em avaliação implica "o quanto de interesse, tempo e recursos são dedicados a criar uma sociedade letrada em avaliação" (*ibidem*). Verifica-se que o autor estado-unidense tem uma visão ampla do letramento em avaliação. Levando-se em conta o poder, o alcance e a importância dessa categoria do trabalho pedagógico, ela não se restringe à sala de aula e à escola. Está impregnada em todos os setores sociais.

Seríamos nós uma nação de iletrados em avaliação? Penso que sim, porque ela não é devidamente valorizada em cursos de formação inicial e continuada de professores, costuma ser tema do penúltimo ou último capítulo de livros de didática e de organização do trabalho pedagógico, ainda se volta primordialmente para notas e aprovação/reprovação e, consequentemente, para a classificação dos estudantes. Por tradição, ainda não formamos os estudantes para serem consumidores críticos de *feedback*, como preconiza Stiggins. Ainda somos iletrados em avaliação porque ainda nos preocupamos muito com padrões elevados de rendimento e muito pouco com a conquista de aprendizagens por todos os estudantes.

O professor letrado em avaliação pode letrar pais e estudantes, conversando com eles sobre os níveis em que acontece, sua importância, propósitos, consequências para a vida escolar, os inúmeros recursos de que pode se valer, assim como sobre os benefícios da avaliação formativa. Temas como o significado de notas, a reprovação e a avaliação informal desencorajadora, na escola e em casa, precisam ser debatidos. A escola não pode descumprir sua função de educadora. Se quisermos mudar a avaliação, para que deixe de ser punitiva, excludente e seletiva, devemos trazer à tona as suas mazelas, por meio de debate franco que inclua pais/responsáveis e estudantes.

O letramento em avaliação é responsabilidade dos cursos de formação inicial e continuada de professores. Contudo, é também complementarmente constituído no dia a dia do trabalho escolar, por meio de troca intencional de experiências entre os professores, como nos momentos de coordenação pedagógica e de reunião de toda a equipe. O próprio professor se encarrega de se manter atualizado quanto aos saberes sobre avaliação por meios diversos, como leitura de livros e textos atualizados.

Aprofundar conhecimentos sobre avaliação permite desvelar a importância da avaliação da escola quando realizada por ela mesma, fazendo cair por terra a ideia reducionista de que basta analisar os resultados de seus estudantes em exames externos para conhecer como ela atua. Dados como esses não possibilitam conhecê-la a fundo. São circunstâncias pontuais, que desconsideram os processos em que se ancoraram, lembram Sordi e Lüdke (2009, p. 14).

Para o nível da avaliação institucional, convergem as informações oferecidas pela avaliação das aprendizagens desenvolvida em sala de aula, assim como pela avaliação em larga escala, que se efetiva por meio de exames externos. A equipe escolar as reúne, analisa e toma decisões sobre as necessidades de reorganização do trabalho pedagógico.

Embora insuficientes para, sozinhos, avaliarem uma escola ou suas salas de aula, os resultados produzidos por meio dos exames externos são reconhecidamente importantes, em especial, para (re)orientar políticas públicas. Um dos principais instrumentos de avaliação do ensino utilizados no Brasil é Sistema de Avaliação da Educação Básica (Saeb), que tem como objetivo oferecer diagnóstico do desempenho escolar, levantando informações que visem à melhoria dos processos de ensino e aprendizagem. Realizado desde 1990, o Saeb compreende três exames: a Avaliação Nacional da Educação Básica (Aneb), a Avaliação Nacional do Rendimento Escolar (Anresc ou Prova Brasil) e a Avaliação Nacional da Alfabetização (ANA). Os resultados obtidos no Saeb, associados às taxas de aprovação, reprovação e abandono recolhidas por meio do Censo Escolar, compõem o Índice de Desenvolvimento da Educação Básica (Ideb). São avaliados estudantes do 2º, do 5º e do 9º ano do ensino fundamental e da 3ª série do ensino médio, de modo censitário para escolas da rede pública e amostral para as da rede privada (Soares 2022).

O *Programme for International Student Assessment* (Pisa)[1] é um estudo comparativo internacional. É realizado pela Organização para a Cooperação e Desenvolvimento Econômico (OCDE) a cada três anos, quando são testados estudantes de 15 anos de todo o mundo em leitura, matemática e ciências. O

1. Programa Internacional de Avaliação de Estudantes, em tradução literal. (N.O.)

Instituto Nacional de Estudos e Pesquisas Educacionais Anísio Teixeira (Inep) é o órgão responsável pelo planejamento e pela operacionalização da avaliação no Brasil. Os resultados alcançados por cada país podem ser analisados em comparação com os demais. O Brasil participa do Pisa desde sua primeira edição, em 2000 (Soares 2022).

Em junho de 2019, o Ministério da Educação (MEC) anunciou a adesão do Brasil a outro exame internacional chamado *Progress in International Reading Literacy Study* (PIRLS), cujo objetivo é avaliar a capacidade de leitura e compreensão de textos de estudantes do 4º ano do ensino fundamental a cada cinco anos. Realizado pela *International Association for the Evaluation of Educational Achievement* (IEA),[2] a primeira aplicação do PIRLS ocorreu entre novembro e dezembro de 2021 (Soares 2022).

Também conduzido pela IEA, o *Trends in International Mathematics and Science Study* (TIMSS) foi aplicado pela primeira vez em 1995, produzindo dados sobre o desempenho global dos estudantes das então 4ª e 8ª séries em matemática e ciências. A capacidade cognitiva medida por testes internacionais como o Pisa, o TIMSS e o PIRLS é uma das variáveis que compõem o indicador do *ranking* que compara resultados de provas de matemática, ciência e leitura e índices como taxas de alfabetização e aprovação escolar. Influenciam, portanto, no lugar ocupado pelo Brasil nessas classificações (Soares 2022).

Freitas *et al.* (2009, p. 47) defendem que, quando conduzidas com metodologia adequada, as avaliações de sistema "podem trazer importantes informações sobre o desempenho dos alunos, dados sobre os professores, condições de trabalho e funcionamento das escolas de uma rede". Ressaltam, porém, que "explicar o desempenho de uma escola implica ter alguma familiaridade e proximidade com o seu dia a dia, o que não é possível para os sistemas de avaliação em larga escala realizados pela federação ou pelos estados, distantes da escola" (*ibidem*, p. 66). Daí a necessidade de que os dados advindos dos exames aplicados em larga escala sejam reconhecidos como pertencentes à escola. "Isso implica a existência de um processo interno de reflexão nas escolas – que chamamos de avaliação institucional" (*ibidem*, p. 48).

Referências bibliográficas

CAMARGO, G.Q. e SCARAMUCCI, M.V.R. (2018). "O conceito de letramento em avaliação de línguas: Origem de relevância para o contexto brasileiro". *Linguagem: Estudos e Pesquisas*, v. 22, n. 1, jan.-jun. Catalão, pp. 225-245.

FREITAS, L.C. de *et al.* (2009). *Avaliação educacional: Caminhando pela contramão.* Petrópolis: Vozes.

SOARES, E.R.M. (2022). "Exames externos, desempenho escolar e qualidade do ensino: Relações". *In*: VILLAS BOAS, B. e SOARES, E.R.M. (orgs.). *Avaliação das aprendizagens, para as aprendizagens e como aprendizagem: Obra pedagógica do gestor.* Campinas: Papirus.

SORDI, M.R.L. de e LÜDKE, M. (2009). "Da avaliação da aprendizagem à avaliação institucional: Aprendizagens necessárias". *In*: SORDI, M.R.L. de e SOUZA, E.S. (orgs.). *A avaliação como instância mediadora da qualidade da escola pública: A rede municipal de Campinas*. Campinas: Millenium.

STIGGINS, R. (1991). "Assessment literacy". *Phi Delta Kappan*, v. 72, pp. 534-539.

2. Cooperativa internacional de instituições nacionais de pesquisa, acadêmicos e analistas que trabalham para avaliar, entender e melhorar a educação em todo o mundo.

7
RÓTULOS E REPREENSÕES NA SALA DE AULA: A AVALIAÇÃO INFORMAL PODE MUITO MAIS DO QUE ISSO

Benigna Villas Boas

A escola de educação básica ocupa-se muito da avaliação formal e pratica a informal o tempo todo, sem, contudo, levar isso em conta e sem se dedicar a analisar o significado e as consequências dessa última. A avaliação formal realiza-se por meios conhecidos pelos estudantes, pelos professores e pelos pais, principalmente de forma escrita, como provas, relatórios, pesquisas etc. É uma avaliação que muitas vezes tem o propósito de atribuir nota. A informal resulta da interação do professor com os estudantes e das relações estabelecidas entre eles próprios. É interessante observar que, ao interagirem, os estudantes expressam oralmente suas percepções e seus sentimentos, que acabam se incorporando aos juízos que o professor constrói sobre cada um deles.

A avaliação informal é tão intensa que se realiza por meios diversos: palavras, gestos, olhares e movimentos corporais. Muitas vezes, um dar de ombros demonstrando indiferença dói mais do que uma nota baixa. Essa avaliação acontece quando o professor conversa com o estudante, ainda que despreocupadamente, e exprime apreço, dá orientação, sugere correção de atividades, solicita complementação ou um novo trabalho. Pode ser encorajadora ou desencorajadora. O que de uma forma ou outra a caracteriza é a maneira de o professor praticá-la: pelo tom de voz, ameaçador ou não, amigável ou não; pela paciência ou pela impaciência em atender o estudante; pelo interesse ou pelo desinteresse dispensado a ele; pelas palavras proferidas, gentis ou não, polidas ou não; pela frequência com que se aproxima de cada um. Os estudantes que não são alvo da atenção do professor podem imaginar que ele não se interessa por eles. Outros, aos quais são dirigidos elogios e que são mencionados em comentários em sala de aula, podem se sentir como os mais acolhidos. Assistindo a situações desse tipo, os mais quietos poderão entender que os enaltecidos são "os melhores".

E, por falar em estudantes quietos, uma reportagem da revista *Superinteressante* de outubro de 2013 trata do poder dos tímidos. Afirma-se que eles já foram vistos como esquisitos e destinados ao fracasso. Agora, a ciência revela que eles são mais criativos, focados e bons líderes. Além disso, têm mais facilidade para se concentrar e produzir. Os extrovertidos, por sua vez, se davam bem por terem o dom da comunicação: falavam mais, com segurança e simpatia, isto é, "se vendiam melhor". Havia a crença em que todos precisavam ser "tão brilhantes e radiantes quanto eles", simplesmente porque dava certo. Por ficar mais calado e mais observar que agir, o tímido é bom ouvinte, é reflexivo e observador perspicaz, conclui a reportagem. Contudo, o estudante tímido costuma ser avaliado informalmente como desinteressado, apático e não dado à socialização.

Como você, leitor professor, interage com seus estudantes mais comunicativos e com os mais quietos? Propomos substituir o termo "quieto" ou "tímido" por reflexivo, porque essas designações podem desvalorizar o estudante. Como ajudá-lo a interagir em sala de aula? A situação se complica quando adotamos a participação como critério de avaliação. Os estudantes que falam pouco deixam de participar? Eis um tema instigante para discussão nas escolas.

Enquanto circula pela sala de aula, o professor observa e faz comentários sobre o modo de o estudante trabalhar, seu comportamento, a maneira de se relacionar com os colegas e o que está produzindo. Tudo isso é ouvido e percebido por todos. São momentos cruciais de avaliação porque podem servir para valorizar ou desvalorizar o estudante e seu trabalho.

Algumas pesquisas (Villas Boas 1993; Alves 2006) têm demonstrado que, nesses momentos, é avaliada mais a pessoa do estudante do que sua aprendizagem, e são emitidos mais desencorajamentos que encorajamentos. As pesquisadoras observaram, nas salas de aula em que estiveram, que, ao passarem pelas carteiras enquanto os estudantes trabalhavam, as professoras não costumavam se deter ao lado daqueles que necessitavam de orientação. Pelo contrário, por meio de rótulos e repreensões, dificuldades e deficiências eram expostas, criando, algumas vezes, situações constrangedoras. Um dos rótulos mais usados era o de "preguiçosos". Com base em pesquisas conduzidas em escolas primárias de Genebra, Perrenoud (1984, p. 265) chamou esse tipo de atitude de "circuito fechado":

> A avaliação informal põe em evidência os alunos que têm dificuldades, se bem que o professor pode ajudá-los a superá-las, mas ao mesmo tempo, na próxima vez, ele espera encontrar os mesmos alunos diante das mesmas dificuldades. O que confirma que a regulação é mais conduzida sobre o trabalho em curso do que sobre as aprendizagens.

Os resultados dessas pesquisas indicam que a avaliação informal é complementar à formal, seja para reprimir, seja para promover as aprendizagens. Nesse último caso, ela se associa com vantagens à formal porque oferece aos professores informações adicionais e reais sobre como os estudantes estão progredindo e em quais situações a intervenção é necessária. É diferente da formal, que tem dia e hora de acontecer. Sua grande contribuição reside em mostrar ao professor, no momento adequado, o que ele precisa fazer para auxiliar cada estudante em seu processo de aprendizagem.

Embora os professores dediquem mais atenção à avaliação formal e não costumem refletir sobre a informal, com frequência eles afirmam avaliar "tudo no estudante" e "observá-lo como um todo". São expressões indicativas da existência dessa modalidade avaliativa. Entretanto, o entendimento sobre ela ainda é frágil, porque não se analisam as consequências desse ato. Enguita (1989, p. 206) a denomina avaliação contínua e adverte tratar-se de uma faca de dois gumes:

> (...) busca pretensamente eliminar a incerteza do exame e basear a nota final no período total de aprendizagem, não em alguns poucos desempenhos isolados, realizados em situações de ansiedade. Mas, ao mesmo tempo, ela tira do aluno a possibilidade de desconectar-se das exigências da escola, como acontece no exame tradicional, salvo nesses momentos de provas parciais ou da prova final.

Conclui Enguita: "A avaliação contínua é o controle permanente". Ela poderá significar controle permanente se não for bem compreendida e adotada. É possível que isso aconteça porque temos constatado que ela não é analisada nos cursos de formação inicial e continuada de professores, sobretudo, a avaliação informal, que precisa ser alvo de atenção em toda a educação básica: ensino fundamental e médio.

Incluí-la em espaços formativos permitiria compreender que seu papel não é o de constranger, repreender e ameaçar os estudantes de forma pública.

Embora as pesquisas revelem que a avaliação informal tem apresentado, com mais frequência, seu lado perverso, ela pode muito mais do que isso. Esteban (2003, p. 23) a entende como a que ocorre segundo o olho do professor. E como esse olho é poderoso!

> Assim, junto às práticas classificatórias, objetivas, que medem a aprendizagem e o ensino, a professora vai usando conhecimentos adquiridos no fazer, no contato com o outro, por aproximação, saberes que podem ser compartilhados pela experiência, mas não sistematicamente ensinados. Deste modo – no olho –, a professora também vai avaliando seu aluno ou aluna e vai sendo capaz de perceber quando uma resposta, mesmo que errada, corresponde a um grande avanço para alguns, decorre de um significativo esforço para outros, ou indica descompromisso, ou desinteresse ou desconhecimento.

Esse "olho do professor" tem a magia de observar, identificar as necessidades de aprendizagem de cada estudante e construir com ele estratégias apropriadas a seu avanço. Não é um olhar que vagueia por toda a turma, mas que pousa sereno e seguro em cada um de seus integrantes. Esse olho do professor, como diz Esteban, capta os avanços e os esforços de um grupo e o descompromisso, o desinteresse e o desconhecimento de outro. Essa é a avaliação informal em ação. Como consequência, são oferecidas as intervenções apropriadas. Em algum momento, a avaliação informal e o *feedback* se cruzam.

A avaliação informal, algumas vezes, dirige-se a toda a turma; outras, a cada estudante em particular. Hoffmann (2005, p. 15) entende que "tudo o que se baseia no coletivo, na turma inteira (...) deixa muitos alunos no anonimato (...). Ao contrário, o caminho da aprendizagem deveria ser sempre único, singular, como a vida de cada um".

Oliveira e Pacheco (2003, p. 119) assim concebem a avaliação informal:

> Percebemos, quando nos dedicamos a essa reflexão, que a avaliação e a preocupação com ela rondam todo o cotidiano das salas de aula, seja como possibilidade – as avaliações de participação –, seja como ameaça – quem fizer bagunça tem zero! Assim, podemos dizer que, no cotidiano, a presença da avaliação é permanente.

Essa avaliação de participação, como a denominam as autoras, por seu caráter permanente, oferece grandes chances de contribuir para a conquista das aprendizagens e para a formação dos estudantes como cidadãos capazes de enfrentar desafios.

Jean-Marie Barbier, citado por Hadji (2001, p. 17), refere-se à avaliação informal como "espontânea":

> A avaliação espontânea, por sua vez, formula-se. Mas não repousa sobre nenhuma instrumentação específica. Por essa razão, permanece subjetiva, até mesmo "selvagem". O mesmo acontece com a maioria dos julgamentos que os estudantes espontaneamente formulam sobre seus professores (X é superlegal; Y é uma droga), ou que os professores formulam sobre seus alunos, às vezes desde o primeiro olhar (eu senti de saída que dali não sairia nada).

A avaliação informal, também conhecida como permanente, processual, contínua, participativa, espontânea e realizada segundo o "olho do professor", é poderosa. Por seu intermédio, ele pode arredondar notas, definir a complexidade dos itens de provas e selecionar os estudantes a quem dar mais atenção. Ocorre mais frequentemente partindo do professor em direção aos estudantes. Mas estes avaliam os colegas, os professores e o trabalho pedagógico. O que acontece é o não aproveitamento de suas apreciações e suas considerações, porque ainda existe o entendimento de que a avaliação serve para atribuir nota e para aprovar e reprovar.

A avaliação informal não é inteiramente planejada. O professor coloca-se à disposição dos estudantes para auxiliá-los em seu trabalho, mas as reações que ocorrem são espontâneas e imprevisíveis. Muitas vezes ele é surpreendido com perguntas e pedidos de ajuda apresentados das mais variadas formas, tendo em vista as diferenças dos estudantes. Não é planejada no sentido de que não conta com instrumentos prévios para coleta de dados, como acontece com a formal. Contudo, o professor deve estar preparado para perceber tudo o que acontece e fazer os registros. Esses dados, incorporados aos da avaliação formal, serão úteis.

É preciso ter cautela com essa modalidade de avaliação: trata-se de uma faca de dois gumes, podendo servir a propósitos positivos e negativos, dependendo da forma de interação do professor com os estudantes. Seu uso em benefício da aprendizagem dos estudantes se dá quando eles recebem encorajamento – o que pode acontecer quando o professor lhes dá a orientação necessária no momento exato; manifesta paciência, respeito e carinho ao atender a suas dúvidas; providencia os materiais necessários à aprendizagem; demonstra interesse pela aprendizagem de cada um; atende todos com a mesma cortesia e o mesmo interesse, sem demonstrar preferência; elogia o alcance dos objetivos da aprendizagem; não penaliza o estudante pelas aprendizagens ainda não adquiridas, mas, ao contrário, usa essas situações para lhe dar ainda mais atenção, para que ele realmente aprenda; não usa rótulos nem apelidos que humilhem ou desprezem; não comenta em voz alta a respeito de suas dificuldades ou suas fraquezas; não faz comparações; não usa gestos nem olhares de desagrado com relação à aprendizagem.

Como essa modalidade de avaliação não tem merecido atenção nas escolas de educação básica e nos cursos de formação inicial e continuada de professores e levando em conta a necessidade de aprofundarmos o entendimento sobre ela, convidamos o/a leitor/a a refletir sobre as seguintes questões: Por quais situações de avaliação informal você já passou como estudante e como docente? Como se sentiu? Quais benefícios ou malefícios elas lhe trouxeram? Feitas a leitura e a análise deste texto, quais informações sobre o tema ainda lhe faltam para praticar uma avaliação informal que se coadune com a formativa? De quais cuidados precisamos nos cercar para praticarmos a avaliação informal que promova as aprendizagens de todos os estudantes? Estarão também os professores sujeitos à avaliação informal? Por parte de quem?

Referências bibliográficas

ALVES, A.S. de S. (2006). "A avaliação informal em uma turma de 1ª série do ensino fundamental". Dissertação de mestrado. Brasília: FE/UnB.

ENGUITA, M.F. (1989). *A face oculta da escola: Educação e trabalho no capitalismo*. Porto Alegre: Artes Médicas.

ESTEBAN, M.T. (2003). "Ser professora: Avaliar e ser avaliada". *In*: ESTEBAN, M.T. (org.). *Escola, currículo e avaliação*. São Paulo: Cortez.

HADJI, C. (2001). *Avaliação desmistificada*. São Paulo: Artmed.

HOFFMANN, J. (2005). *O jogo do contrário em avaliação*. Porto Alegre: Mediação.

OLIVEIRA, I.B. e PACHECO, D.C. (2003). "Avaliação e currículo no cotidiano escolar". *In*: ESTEBAN, M.T. (org.). *Escola, currículo e avaliação*. São Paulo: Cortez.

PERRENOUD, P. (1984). *La fabrication de l'excellence scolaire*. Genebra/Paris: Droz.

VILLAS BOAS, B.M. de F. (1993). "Práticas avaliativas e organização do trabalho pedagógico". Tese de doutorado. Campinas: FE/Unicamp.

8
HÁ PROCEDIMENTOS ESPECÍFICOS PARA A AVALIAÇÃO FORMATIVA? AS CONTRIBUIÇÕES DA AUTOAVALIAÇÃO

Benigna Villas Boas

Anteriormente enfatizamos que a avaliação formativa está a serviço das aprendizagens. Essa convicção significa que avaliar se torna auxiliar do aprender, acredita Hadji (2001, p. 15). O autor cita Perrenoud (1999, p. 50), para quem é "formativa toda avaliação que auxilia o aluno a aprender e a se desenvolver...". Assim, "nenhum tipo de informação é excluído, nenhuma modalidade de coleta e tratamento deve ser descartada. Uma avaliação não precisa conformar-se a nenhum padrão metodológico para ser formativa" (*ibidem*).

Para Hadji (2001, p. 20), "é a intenção dominante do avaliador que torna a avaliação formativa". Podemos depreender, então, que não há procedimentos ou práticas específicas para essa função avaliativa. Concordando com o autor, pretendemos, neste capítulo, oferecer contribuições para o fortalecimento de uma das práticas de avaliação formativa, a autoavaliação, central para seu desenvolvimento. A autoavaliação é empregada, muitas vezes, segundo a lógica da avaliação classificatória. Nessa perspectiva, o professor elabora um roteiro a ser respondido pelos estudantes, nos momentos escolhidos por ele, geralmente ao final de determinado período ou atividade. Costuma solicitar que eles se atribuam uma nota. Uma possível justificativa para esse modo de agir pode ser a intenção do professor de que cada estudante se responsabilize pelos resultados de sua aprendizagem. Assim, não há o que reclamar. Contudo, observa-se que nem sempre os estudantes sabem para que ela serve e o que será feito com as informações por eles fornecidas.

Na avaliação formativa, a autoavaliação passa a ter outro sentido. Hadji (2001, pp. 101-102) entende que ela engloba dois aspectos: 1) a regulação da ação de aprendizagem, incluída, nesse âmbito, a autorregulação; e 2) a metacognição. Vejamos, inicialmente, sua compreensão de regulação da ação de aprendizagem. Para isso, torna-se necessária a distinção entre autonotação e autocontrole.

A autonotação, por meio da qual o estudante se atribui uma nota ao examinar seu desempenho, já é uma forma de autobalanço. É a oportunidade que ele tem de analisar o que produziu, a partir dos parâmetros definidos pelo professor. No entanto, o autobalanço acontece quando a ação de produção já está terminada. Já o autocontrole, considerado pelo autor "figura privilegiada da autoavaliação", é um componente natural da ação, isto é, seu constitutivo, traduzindo-se por uma observação contínua. É como se o sujeito constantemente se olhasse ao agir, a partir de um "modelo ideal ou de um sistema de normas" (*ibidem*, p. 102). O autocontrole "corresponde a uma avaliação contínua, frequentemente implícita, algumas vezes quase inconsciente" (*ibidem*). É um "olhar crítico" (*ibidem*) do estudante enquanto ele aprende.

Assim, considera o autor, a autoavaliação já está constantemente presente na atividade do estudante, como autocontrole. É compreensível querer que ele desempenhe um papel que naturalmente já é seu. Torna-se necessário colocar a avaliação instituída e instrumentalizada a serviço do autocontrole espontâneo e permanente, que ajude o estudante a construir uma "instância avaliativa" cada vez mais necessária, afirma.

A autoavaliação só o é quando cumpre o papel de autorregulação contínua e "não sob suas formas que correspondem a 'efeitos' de auto-notação, até mesmo de auto-balanço", completa Hadji (*ibidem*). Para que a avaliação seja formativa, dois aspectos são importantes: a ação e o sujeito que age. Por esse motivo, a regulação operada pelo professor é apenas um estepe que só deve intervir quando os mecanismos de autorregulação do aluno estão bloqueados (*ibidem*, p. 103). Contudo, o professor pode atuar para instrumentalizar o autocontrole de modo mais claro, orientando o aluno a analisar suas atividades e a formalizar essa análise por meio da produção de instrumentos de autobalanço e autonotação, sem perder o sentido da regulação. Cabe a ele também acompanhar todo o processo.

As contribuições de Hadji nos permitem concluir que a autoavaliação como autonotação se insere na perspectiva da avaliação classificatória, voltada apenas para notas, aprovação e reprovação do aluno.

Compreendido o primeiro aspecto que compõe a autoavaliação, a regulação da ação de aprendizagem, vejamos o segundo aspecto apontado por Hadji (*ibidem*), para quem a primazia atribuída à autoavaliação pela avaliação formativa implica a necessidade de desenvolvimento de atividades de metacognição. O autor entende que metacognição é o processo mental pelo qual uma pessoa toma consciência dos diferentes aspectos e momentos de sua atividade cognitiva. Assim atuando, a pessoa toma distância dos conteúdos envolvidos pelas atividades cognitivas em andamento. Por isso, diz o autor, a metacognição é sinônimo de atividade de autocontrole refletido das ações e das condutas do sujeito que aprende. Seu papel é reconhecido no êxito das aprendizagens. Por meio da autoavaliação, atinge-se o desenvolvimento das atividades cognitivas como forma de melhoria da regulação das aprendizagens, pelo aumento do autocontrole e pela diminuição da regulação externa do professor. Almeja-se prioritariamente o desenvolvimento da autonomia do aluno. Por isso, a autoavaliação como processo de autocontrole é uma habilidade a ser construída. Essa construção pessoal é que permitirá ao aluno refletir, analisar e desenvolver as atividades por meio do exame crítico de sua produção, a fim de progredir. Todo o sentido daquilo que se denomina autoavaliação está nisso, ensina Hadji (*ibidem*).

A autoavaliação constitui, portanto, um processo metacognitivo.

Vejamos as contribuições de outros estudiosos sobre o tema. Duncan Harris e Collin Bell, citados por Weeden, Winter e Broadfoot (2002, p. 75), entendem a autoavaliação como um *continuum* do controle pelo professor ao controle também pelo aluno. Isso significa que o aluno vai gradativamente assumindo a responsabilidade por sua aprendizagem, o que não retira a participação do professor. Parte-se da avaliação tradicional para a colaborativa (professor e aluno) e da avaliação por colegas para a autoavaliação.

A autoavaliação é um componente importante da avaliação formativa. Refere-se ao processo pelo qual o próprio estudante analisa continuamente as atividades desenvolvidas e em desenvolvimento, registra suas percepções e seus sentimentos e identifica futuras ações, para que haja avanço na aprendizagem. Essa análise leva em conta: o que ele já aprendeu, o que ainda não aprendeu, os aspectos facilitadores e dificultadores de seu trabalho, tomando como referência os objetivos da aprendizagem e os critérios de avaliação. Dessa análise realizada por ele, novos objetivos podem emergir. A autoavaliação não visa à atribuição de notas ou menções pelo estudante, mas tem o sentido emancipatório de possibilitar-lhe refletir continuamente sobre o processo de sua aprendizagem e desenvolver a capacidade de registrar suas percepções. Cabe ao professor incentivar continuamente a prática da autoavaliação pelos estudantes, e não apenas nos momentos estabelecidos, e usar as informações para reorganizar o trabalho pedagógico, sem penalizá-los.

Weeden, Winter e Broadfoot (2002, p. 72) entendem que a autoavaliação é mais ligada à avaliação *para* aprendizagem do que à avaliação *da* aprendizagem, pelo fato de buscar o desenvolvimento da aprendizagem. Ela inclui a formulação de julgamentos do mérito do trabalho pelo estudante, o que usualmente tem sido tarefa do professor. A valorização do que os estudantes pensam sobre a qualidade de seu trabalho constitui um desafio à ordem estabelecida e à rotina escolar.

Essa compreensão da autoavaliação nos leva a concluir que é praticada de forma diferente em cada ano do ensino fundamental e em cada atividade dos diferentes componentes curriculares. É importante que a criança tenha a oportunidade de ser introduzida nesse processo tão particular de refletir sobre suas próprias aprendizagens desde que chega à escola. Uma coisa é certa: ela tem de confiar no professor, que não poderá usar as informações que confiará somente a ele, sob pena de ele pôr tudo a perder.

O seu início com crianças pequenas pode acontecer em roda, sentadas no chão, quando são estimuladas a "pensar" sobre o que foi interessante durante o dia de trabalho. Ainda não se trata de uma autoavaliação, mas de uma introdução à avaliação, em preparação para a autoavaliação. Aos poucos elas são incentivadas a avaliar de forma positiva, sem culpar nem magoar ninguém, e a apontar sugestões e soluções para possíveis dificuldades. Essa dinâmica é também um início da avaliação por pares.

Da conversa sobre "como foi" o dia de trabalho, quando o professor perceber que o momento é seguro para avançar, poderá lançar, uma a uma, perguntas como as seguintes: "Como nossas atividades podem ficar mais interessantes?" e "Vamos pensar em sugestões?". E depois: "O que cada um de nós pode fazer para aprender mais?". A partir daí, pode ter início o processo de autoavaliação. A sensibilidade do professor indicará quando e como cada criança estará em condições se autoavaliar.

Esse processo coletivo conduz à criação de formas de autoavaliação propriamente dita, como conversas informais entre professor e estudante, pequenas peças escritas, desenhos etc. Esse é um formato inicial para o trabalho com crianças pequenas. À medida que os estudantes avançam nos anos escolares, a autoavaliação vai ganhando contornos diferentes e até mesmo mais elaborados, sempre amparados pelos cuidados apresentados pelos autores mencionados anteriormente. Repito: se houver nota envolvida, todo o esforço cairá por terra. O estudante deixará de ser honesto e toda a grandeza da autoavaliação será perdida.

Os momentos de autoavaliação devem ser combinados pelo professor e pelos estudantes, para que estes entendam o processo e seus objetivos. Não se aconselha a adoção de formato rígido.

Referências bibliográficas

HADJI, C. (2001). *Avaliação desmistificada.* Porto Alegre: Artmed.

PERRENOUD, P. (1999). *Avaliação: Da excelência à regulação das aprendizagens. Entre duas lógicas.* Porto Alegre: Artmed.

WEEDEN, P.; WINTER, J. e BROADFOOT, P. (2002). *Assessment: What's in it for schools?*. Londres/Nova York: Routledge Falmer.

9
AVALIAÇÃO POR COLEGAS: APRENDENDO A SER AVALIADOR

Erisevelton Silva Lima

Quando a proposta é realizar avaliação por colegas ou pelos pares, a cultura da prova, do teste e da mensuração invade, de imediato, nosso imaginário, refém das duras práticas autoritárias que predominam na escola tradicional. Diferentemente disso, a avaliação por colegas não constitui espaço de disputas ou competições; pelo contrário, de nada servirá para as aprendizagens individuais e coletivas. A avaliação por colegas, a autoavaliação e a avaliação formativa são conceitos que se entrelaçam. Tratando desse tema, Black *et al.* (2003, p. 50) entendem que, na prática, a avaliação por colegas é um importante complemento da autoavaliação, podendo ser um pré-requisito para que esta se efetive. Os autores citam uma professora que afirma que, avaliando e registrando observações – por meio de discussão e orientação clara – em suas próprias produções, os estudantes podem avaliar e fazer comentários sobre o trabalho dos colegas. Ela relata que seus estudantes sabem que os deveres de casa serão avaliados por eles mesmos ou por um colega da turma. Por isso, somente em situações extremas deixam de cumprir essas atividades. Sentem orgulho de ter seu trabalho avaliado por um colega. Qualquer descontentamento é discutido abertamente até ser resolvido.

Contudo, alertam os autores, a avaliação por colegas e a autoavaliação somente serão produtivas se os professores oferecerem orientações constantes, principalmente àqueles que apresentarem mais necessidade. É importante considerar que, de modo geral, os estudantes não estão habituados a desenvolver essa estratégia avaliativa. Além disso, para os professores, também é um procedimento quase desconhecido, porque não costumam vivenciá-lo em cursos de formação. Para que ganhe força, é importante que toda a escola adote essa avaliação, para que não fique associada a um único professor ou a alguns deles.

Para a avaliação por colegas alcançar seus objetivos, precisa ser planejada: para que será desenvolvida, qual é o seu objetivo? Quando? Como? O que será feito com as informações por ela oferecidas? Como seus resultados se articularão aos provenientes de outros procedimentos de avaliação? Como trabalhar com os pais para que eles a compreendam, a aceitem e participem de sua realização? Lembremo-nos de que o sucesso de qualquer estratégia pedagógica depende da clareza de propósitos que a embasam e do acompanhamento e da avaliação de todo o percurso.

O planejamento pode contar com a participação dos estudantes e de seus responsáveis. Uma vez finalizado, é importante que seja discutido também com toda a equipe escolar. Durante toda a sua implementação, a avaliação por colegas deve ser objeto de análise, para que se observe se está alcançando seus objetivos, engajando os estudantes e quais intervenções devem ser feitas.

As resistências e as inseguranças dos estudantes podem se acentuar caso lhes seja solicitado atribuir nota ou pontos às atividades dos colegas. Isso geralmente lhes causa desconforto e destrói a grandeza de um procedimento que tem potencial para se associar à avaliação formativa e contribuir para o avanço das aprendizagens. Afinal de contas, avaliando se aprende a ser avaliador. Por esse motivo, recomendamos que notas e pontos não sejam requeridos.

A dificuldade de desenvolver uma atividade avaliativa como essa revela também as fragilidades de qualquer avaliador, seja ele professor ou estudante. Há diversos mitos que cercam a avaliação por colegas, por exemplo: o estudante poderá não aceitar seu par avaliador por entender que ele teria "o mesmo nível de conhecimento"; a acusação de que o docente estaria deixando de cumprir seu papel, como se avaliar não fosse uma atividade inerente ao ser humano em todas as ocasiões da vida pessoal e profissional (Villas Boas 2008). Esses entraves apontam para a necessidade de compreendermos a avaliação como processo e não como fim em si mesma (Hadji 2001). Por confundirem a avaliação por colegas com a atribuição de notas, o receio de muitos estudantes é o de que suas produções estejam sendo avaliadas por quem não teria as habilidades e as competências necessárias para fazê-lo. Não se trata de solicitar que estudantes atribuam pontos ou notas a outros estudantes.

Importante ressaltar que a avaliação por colegas pode ser praticada com crianças e estudantes de qualquer etapa do processo de escolarização, da educação básica até a superior.

Em um estudo realizado por mim em um curso de Pedagogia, no Distrito Federal (Lima 2013), encontrei, nos registros inicial e final de uma graduanda, relatos reveladores da importância de dar continuidade à prática da avaliação por colegas em outros semestres do curso de formação de professores, como se observa a seguir:

> Estou apreensiva, não me relaciono bem com minhas colegas, coisas de mulher [*risos*]. Logo que eu for ser avaliada por elas irão me crivar de críticas, realmente não sei se estamos prontas para isto. (Andreia, início do semestre letivo de Pedagogia)
>
> Os dias passaram e sabe que não foi tão ruim, o professor não deixou a avaliação ser conduzida para intimidar nem humilhar, existiram critérios claros, e a mediação foi realizada pela avaliação formativa. Agora me sinto capaz de fazer isso com meus alunos quando for atuar como professora. (Andreia, último registro reflexivo)

Esses depoimentos reforçam a tese de que a formação inicial de professores é um ótimo momento para aprender a avaliar e, sobretudo, para praticar a avaliação cuja concepção defendemos. É fácil falar sobre ela, mas nem sempre é fácil desenvolvê-la, segundo a lógica da promoção das aprendizagens de todos os estudantes. É mais fácil continuar avaliando por meio do processo a que fomos submetidos ao longo de nossa escolarização. Andreia tinha razão ao reconhecer que, no início, os estudantes não estavam preparados para essa prática, que requer fundamentação teórica do professor sobre o tema, planejamento e habilidade para deixá-los à vontade e seguros.

Domingues, Amaral e Zeferino (2007) consideram a necessidade de os professores acompanharem e compararem a autoavaliação realizada pelo estudante com aquela produzida pelos pares sobre o mesmo indivíduo. Essa é uma tarefa que não tem como objetivo expor ou comparar os estudantes, mas analisar como se dá a interação dessas duas práticas, para que se saiba com mais segurança como cada um está aprendendo, como percebe esse processo e o que pode ser feito para gerar ações, mudanças e aprendizagens. De maneira geral, a intenção é a de acompanhar o desenvolvimento das aprendizagens, as práticas e as autopercepções que emanaram dos estudantes. Contudo, por meio do olhar atento do docente, o estudante poderá retomar sua autoavaliação, a avaliação produzida pelos colegas e fortalecer a crítica e a autocrítica, de forma amistosa e sem embates, no interior da sala de aula. Não se pode correr o risco de usar a autoavaliação para desqualificar a avaliação dos colegas porque não se sentiu confortável com essa última. Ainda sobre esse receio da avaliação produzida por outrem ou de sermos avaliados por terceiros, Sordi e Lüdke (2009, p. 316) acrescem:

> A dificuldade de lidar com a heteroavaliação precisa ser compreendida, no entanto, como memória de vivências que ajudaram a consolidar uma feição avaliativa que mais afasta do que aproxima, que mais pune do que ensina, que mais ameaça do que acolhe, que mais conclui do que contextualiza, que mais rotula do que explica.

Sermos avaliados por colegas ainda nos amedronta e nos angustia porque traz o rótulo de que quem tem autoridade para essa tarefa é somente o professor. Decorrem disso a importância e a necessidade de a aprendizagem da avaliação formativa ter espaço privilegiado nos cursos de formação inicial e continuada de professores para a educação básica.

No quadro a seguir, apresentamos algumas estratégias didáticas em que podemos fazer uso da avaliação por colegas:

ESTRATÉGIAS DIDÁTICAS	AVALIAÇÃO POR COLEGAS
Apresentação oral dos estudantes	Em pares, os estudantes poderão analisar e registrar, em um pequeno formulário, suas impressões, considerando os critérios previamente negociados. Vários aspectos poderão ser considerados, como a postura, a voz, o conteúdo, as argumentações, a conclusão etc.
Trabalhos em grupos ou apresentação de trabalhos pelos estudantes	Toda a turma poderá participar, seguindo roteiro prévio, apontando as potencialidades e as fragilidades do trabalho apresentado, sem atribuir pontos ou notas para o grupo. Todos avaliam e todos são avaliados.
Produção de textos (diversos gêneros) pelos estudantes	Em duplas, os colegas podem, antes de a produção ser entregue ao docente, fazer apontamentos ou questionamentos, com base nos critérios estabelecidos e negociados.
Dramatização, encenação, apresentação artística e outras	Os pares farão, oralmente ou por escrito, as considerações sobre o desenvolvimento das atividades pelos colegas.

Observação: Para cada item a ser avaliado, na forma escrita, o estudante poderá assinalar se o objetivo foi alcançado, se parcialmente alcançado ou se não foi alcançado, podendo anotar as justificativas. Insistimos: não se trata de atribuir pontos ou notas aos colegas.

Cabe ao professor preparar os estudantes para que seus argumentos avaliativos apontem os aspectos positivos das produções dos colegas e ofereçam sugestões para melhoria. Não cabem desencorajamentos. A grande contribuição da avaliação por pares está em sua característica de partir dos colegas com o objetivo de favorecer as aprendizagens. Não substitui a avaliação feita pelo professor, mas a complementa.

Após a apreciação ou a avaliação do trabalho pelos colegas, a produção é devolvida a seu autor para que ele possa analisar as contribuições e acatá-las ou não, antes de entregar em definitivo ao professor. É importante que o docente acompanhe esse processo e faça as intervenções necessárias. O sentido dessa prática é repleto de ganhos por e para todos: enquanto as aprendizagens se expandem, princípios éticos e formativos estão presentes, a alteridade e a socialização ganham reforço indispensável para a formação integral dos estudantes.

Referências bibliográficas

ALVES, A.C. e FELICE, M.I.V. (2012). "Avaliação formativa: Estudo da coavaliação no ensino médio e superior". *Intercâmbio*, v. XXV. São Paulo: Lael/PUC-SP, pp. 190-201.

BLACK, P. *et al.* (2003). *Assessment for learning: Putting it into practice.* Maidenhead/Nova York: Open University Press.

DOMINGUES, R.C.L.; AMARAL, E. e ZEFERINO, A.M.B. (2007). "Autoavaliação e avaliação por pares: Estratégias para o desenvolvimento profissional do médico". *Revista Brasileira de Educação Médica*. Campinas, pp. 173-175.

HADJI, C. (2001). *Avaliação desmistificada*. Porto Alegre: Artmed.

LIMA, E.S. (2013). "Avaliação por pares (colegas) e autoavaliação: Procedimentos que encorajam e emancipam". *In*: TEIXEIRA, C. e MIRANDA, J. dos R. (orgs.). *Avaliação das aprendizagens: Experiências emancipatórias no ensino superior*, v. 2. São Paulo: Max Limonad.

SORDI, M.R.L. de e LÜDKE, M. (2009). "Da avaliação da aprendizagem à avaliação institucional: Aprendizagens necessárias". *Avaliação*, v. 14, n. 2, jul. Campinas/Sorocaba, pp. 313-336.

VILLAS BOAS, B.M. de F. (2008). *Virando a escola do avesso por meio da avaliação*. Campinas: Papirus.

10
PORTFÓLIO: AMPLIANDO O DIÁLOGO ENTRE PROFESSOR E ESTUDANTE

Benigna Villas Boas

Originariamente, o portfólio é uma grande e fina pasta em que artistas e fotógrafos colocam amostras de suas produções representativas da qualidade e abrangência do seu trabalho, para ser apreciado por especialistas, professores, avaliadores etc. Essa rica fonte de informação permite aos críticos e aos próprios artistas iniciantes compreenderem o processo em desenvolvimento e oferecerem sugestões que encorajem sua continuidade. Seu uso na escola significa assumir o entendimento de que o trabalho do estudante e do professor não merecem menos do que isso (Valencia 1990, p. 338). O portfólio apresenta várias possibilidades; uma delas é a sua construção pelo estudante. Nesse caso, trata-se de uma coleção de suas produções, que apresentam as evidências de sua aprendizagem. É organizado por ele próprio para que juntos, ele e o professor, possam acompanhar seu progresso (Villas Boas 2001, p. 207). O portfólio é um procedimento de avaliação que permite aos estudantes participarem da formulação dos objetivos que devem alcançar e acompanhar o próprio progresso. São, portanto, participantes ativos de sua aprendizagem e da avaliação, selecionando as melhores amostras de seu trabalho para incluí-las no portfólio.

Arter e Spandel (1992, p. 36) oferecem o seu entendimento de portfólio:

> (...) uma coleção proposital do trabalho do aluno que conta a história dos seus esforços, progresso ou desempenho em uma determinada área. Essa coleção deve incluir a participação do aluno na seleção do conteúdo do portfólio; as linhas básicas para a seleção; os critérios para julgamento do mérito; e evidência de auto-reflexão pelo aluno.

Esse entendimento inclui três ideias básicas: a avaliação é um processo em desenvolvimento; os estudantes são participantes ativos porque aprendem a identificar e revelar o que sabem e o que ainda não sabem; a reflexão pelo estudante sobre a sua aprendizagem é parte importante do processo.

Easley e Mitchell (2003, p. 21) concordam com o entendimento exposto anteriormente e acrescentam:

> Muitas pessoas possuem "coleção" de seus trabalhos. Enquanto alguns chamam isso de portfólio, não é o que assim entendemos. Um portfólio é uma coleção especial dos melhores trabalhos organizada pelos próprios alunos. Eles participam ativamente de todo o processo, construindo o portfólio, identificando os critérios de aprendizagem e selecionando as peças do seu trabalho que demonstram como os critérios foram alcançados. Além disso, a reflexão sobre o seu trabalho e sobre os critérios permite aos alunos formarem novos objetivos de aprendizagem. Assim é que os portfólios fazem sentido.

As autoras (*ibidem*, p. 33) distinguem portfólio de arquivo de trabalhos:

> Um arquivo e um portfólio não são a mesma coisa, embora ambos contenham peças de trabalho de alunos. Um arquivo é simplesmente uma coleção de trabalhos dos alunos. Em contraste, o portfólio é uma seleção refinada de trabalhos do aluno (...). Um portfólio não é apenas um arquivo, mas é parte de um processo de avaliação que ensina os alunos a avaliarem e apresentarem seus próprios trabalhos.

Percebe-se, então, que o portfólio é mais do que um conjunto de trabalhos do estudante. Não se trata meramente de uma pasta em que se arquivam textos. A seleção dos trabalhos a serem incluídos é feita por meio de autoavaliação crítica e cuidadosa, que envolve o julgamento da qualidade da produção e das estratégias de aprendizagem utilizadas. A compreensão individual do que constitui qualidade em um determinado contexto e dos processos de aprendizagem envolvidos é desenvolvida pelos estudantes desde o início de suas experiências escolares. Essa compreensão pode ser facilitada pela interação com colegas e professores e pela reflexão em vários momentos: de trabalho individual e em equipe, durante a apresentação dos portfólios pelos colegas e por meio do confronto da produção com os objetivos e os descritores de avaliação.

O portfólio é um recurso condizente com a avaliação formativa: é construído pelo estudante sob a orientação do professor. Compõe-se das produções selecionadas pelos estudantes, para que eles próprios e os professores não só acompanhem seu progresso, mas também identifiquem as necessidades de intervenção. Um de seus méritos é pôr em evidência essas necessidades, para que, em conjunto, busquem formas de atender a elas.

Assim construído, o portfólio amplia o diálogo entre professor e estudantes, possibilitando a circularidade de saberes e práticas entre eles, de maneira que todos se beneficiem do processo. Essa é uma de suas grandes contribuições. Nesse contexto, o portfólio deixa de ser um mero procedimento de avaliação e assume o *status* de "trabalho com o portfólio". Outra de suas vantagens é a possibilidade de um trabalho integrado, porque pode reunir atividades de mais de um componente curricular. Percebe-se, então, que ele poderá oferecer grandes contribuições às escolas de tempo integral porque os estudantes poderão construí-lo na própria instituição, sob a orientação de vários professores.

O portfólio vincula-se à avaliação formativa porque possibilita a análise das capacidades de pensamento crítico, de articular e solucionar problemas complexos, de trabalhar em colaboração, de conduzir pesquisa, de desenvolver projetos e de os estudantes formularem seus próprios objetivos para a aprendizagem (Murphy 1997, p. 72). O professor e o estudante avaliam todas as atividades enquanto o portfólio está em processo de construção. Todas as suas produções são valorizadas: analisam-se as últimas, comparando-as com as primeiras, de modo que se perceba o avanço obtido. Isso requer que a construção do portfólio se baseie em propósitos de cuja formulação o estudante participe, para que se desenvolva o sentido de "pertencimento". Murphy (*ibidem*, p. 73) considera que os portfólios "oferecem uma das poucas oportunidades escolares em que os estudantes podem exercer seu julgamento, iniciativa e autoridade". Nesse sentido, a adoção do portfólio em cursos de formação de professores torna-se fundamental porque a tendência é reproduzirem com os estudantes o trabalho pedagógico que vivenciaram com seus professores.

Assim como a avaliação formativa, o portfólio demanda o uso permanente do *feedback*, entendido por Fernandes (2008, p. 99) como

> um processo deliberado e planejado que ajuda os alunos a perceberem e interiorizarem o que é o trabalho de elevada qualidade e quais estratégias cognitivas e/ou metacognitivas, os conhecimentos, as atitudes ou capacidades que necessitam desenvolver para que aprendam, compreendendo.

O autor acrescenta que o *feedback* contribui para que os estudantes se tornem mais autônomos, mais responsáveis por suas aprendizagens, mais capazes de avaliar seu trabalho e mais ágeis na utilização de suas competências metacognitivas. No capítulo dedicado especificamente ao *feedback*, tratamos da importância da sua transição para o automonitoramento pelo estudante – processo facilitado pelo portfólio.

Princípios norteadores do trabalho com portfólio

O portfólio vincula a avaliação ao trabalho pedagógico em que o estudante participa da tomada de decisões, de modo que formule suas próprias ideias, faça escolhas e não apenas cumpra prescrições do professor e da escola. Nesse contexto, a avaliação se compromete com a aprendizagem de cada estudante e deixa de ser classificatória e unilateral.

O portfólio é uma das possibilidades de criação da prática avaliativa comprometida com a formação do cidadão capaz de pensar e tomar decisões. Para isso, ancora-se nos princípios que se seguem. O primeiro deles, como se percebe, é o da *construção* pelo próprio estudante, possibilitando-lhe fazer escolhas e tomar decisões. Essa construção assume diferentes formas, dependendo da idade dos estudantes, do curso e da atividade a ser desenvolvida e do tempo disponível. A orientação que o professor dará ao processo de construção também é variável. Além dos aspectos já apontados, considera-se o fato de os estudantes e o professor já terem tido ou não a oportunidade de trabalhar com o portfólio. Se for a primeira vez, a preparação terá de ser mais minuciosa, sendo conveniente que as famílias sejam informadas. No caso do professor, a análise do referencial teórico sobre avaliação formativa e portfólio é fundamental. Muitas atividades educacionais inovadoras costumam fracassar porque aqueles que vão implementá-las nem sempre são os que concebem a proposta nem se preparam para colocá-la em prática. Por isso, o estudo do referencial teórico deve preceder o início do trabalho.

É bom lembrar que a avaliação tem raízes tradicionais profundas. Toda a sociedade brasileira valoriza o uso da prova. Por isso, todo cuidado é pouco. Não se trata de substituí-la pelo portfólio. Ambos são procedimentos de avaliação, cada um cumprindo propósitos diferentes. Combate-se o uso exclusivo da prova, por não ter condições de avaliar todas as aprendizagens do estudante, que se dá por meio de diferentes linguagens. Além disso, ela apresenta a desvantagem de ser inteiramente organizada pelo professor que: decide se ela será inteiramente objetiva ou subjetiva, ou se incluirá questões dos dois tipos; seleciona os conteúdos das questões; determina o dia e o horário de sua aplicação, a duração e o espaço a ser utilizado pelo estudante para dar as respostas. Contudo, não se trata, necessariamente, do caso de aboli-la. Recomenda-se, no entanto, que não seja o único procedimento avaliativo utilizado nem tenha como objetivo a mera atribuição de nota.

A prova pode fazer parte do portfólio, o que lhe conferiria significado mais amplo. Por exemplo: imediatamente após a aplicação, a correção e a devolução ao estudante, pedir-lhe que refaça as questões cujas respostas demonstram o que ele ainda não aprendeu e, na sequência, inserir as duas amostras no portfólio, com a garantia de que, para fins de avaliação, será considerada a que revela que a aprendizagem ocorreu. Avaliar significa trabalhar com as relações desenvolvidas entre os sujeitos participantes do processo. As atitudes do professor nessas relações constituem um exemplo forte para os estudantes, que já têm internalizada a prática perversa de, ao refazer um trabalho, o professor somar as duas notas e dividir o resultado por dois. Mudar isso requer tempo e o estabelecimento de confiança nas atitudes do professor.

O portfólio pode ainda ser construído durante uma semana, um mês, um bimestre, um semestre, um curso, uma disciplina ou o tempo do qual se dispuser e de acordo com os objetivos do trabalho a ser realizado. Pode abranger um tema, um projeto, uma unidade ou as atividades desenvolvidas durante determinado período. Em qualquer situação – sejam os estudantes crianças ou adultos –, a preparação para seu uso é necessária.

Sua construção requer outra decisão: Que nível de direcionamento será dado pelo professor? Direcionará parcialmente, ou o estudante terá total independência? Depende da situação. O ponto de chegada é a conquista da autonomia pelo estudante, o que acontecerá por meio das oportunidades que lhe serão oferecidas e da orientação inicial do professor. Para que o processo seja bem implantado e alcance seus objetivos, é importante não aterrorizar o estudante, ou seja, passar bruscamente de uma maneira autoritária de trabalhar para outra oposta. Nem o professor estaria pronto para isso. É necessário criar clima favorável à construção do portfólio, tanto para o professor como para o estudante. Ambos deverão percebê-lo como um aliado da aprendizagem e não como um dificultador de seu trabalho. Uma coisa é certa: o professor não deve se sentir solitário nesse tipo de trabalho. O ideal é que toda a escola ou todo um curso invista no mesmo processo, para que os estudantes e suas famílias o percebam com credibilidade.

No caso da educação básica, ao ser implantado o trabalho com portfólio, é importante que todos – escola e responsáveis – entendam que ele representa um procedimento avaliativo de construção pelo estudante, e não por seus responsáveis. Dessa forma, ele o desenvolverá segundo suas próprias capacidades e por elas será avaliado. Alguns pais têm por hábito fazer as tarefas dos filhos ou ajudá-los para que se deem bem na escola, ou seja, obtenham boas notas. A lógica avaliativa norteadora do portfólio recusa essa prática, porque o que se pretende é a promoção das aprendizagens. Se o estudante não revela suas fragilidades, não poderá ser orientado a superá-las. Talvez o único lugar em que podemos apresentar sem medo nossas vulnerabilidades seja a escola, o lugar próprio para isso.

O trabalho pedagógico e a avaliação deixam de ser de responsabilidade exclusiva do professor. A *parceria* passa a ser um princípio norteador das atividades. Easley e Mitchell (*ibidem*, p. 20) consideram o portfólio uma forma autêntica de avaliação, em que estudantes e professores atuam em conjunto. Fala-se aqui da parceria estudante-professor, estudante-estudante e professor-professor. O trabalho com o portfólio, tornando-se uma prática de toda a escola, imprime dinâmica diferente ao trabalho da sala de aula e até da escola porque são eliminadas as ações e as atitudes verticalizadas e centralizadoras. O trabalho do estudante é percebido como a razão de ser da escola.

A construção do portfólio é feita por meio da *reflexão*, outro princípio norteador do trabalho, porque, por meio dela, o estudante decide o que e como incluir e, ao mesmo tempo, analisa suas produções, tendo a chance de refazê-las sempre que necessário. Recomenda-se que todas as produções permaneçam no portfólio, tanto a primeira versão quanto as posteriores sobre um tema, para que ele e o professor possam analisar seu progresso. Isso mesmo! Tudo o que o estudante faz merece ser valorizado. Um conceito com o qual se trabalha é o do progresso, e não do fracasso. Como se percebe, o trabalho com o portfólio utiliza a lógica avaliativa em que o estudante não é penalizado pela aprendizagem ainda incompleta. Pelo contrário, esse procedimento funciona como um aliado da aprendizagem, por se entender que a avaliação indica caminhos para que aprendizagens sejam conquistadas.

No início do trabalho, caberá ao professor orientar a reflexão. De modo geral, os estudantes não estão preparados para isso: costumam cumprir as prescrições do professor sem estabelecer articulação entre elas. Conversas com toda a turma, individuais e com pequenos grupos podem ser algumas das formas de ajudá-los a refletir sobre o que eles vêm fazendo e seu significado. Poderão lhes ser dirigidas perguntas para ajudá-los a analisar o andamento das produções individuais e o das produções em grupo. Vale frisar: o professor pergunta, mas as respostas cabem aos estudantes; elas são elementos disparadores do processo de reflexão. O professor ouve e faz novas perguntas que conduzam à reflexão. Assim como os outros princípios, o da reflexão faz parte de todo o trabalho. Não há um momento destinado especificamente a ela. Cabe ao professor iniciar o processo e incentivar os estudantes a usarem-na sempre, sem medo.

Os princípios da construção e da reflexão favorecem o desenvolvimento da *criatividade*, outro princípio que se acrescenta. O estudante escolhe a maneira de organizar o portfólio e busca formas diferentes de aprender. Ele é estimulado a estar sempre trabalhando e tomando decisões. É importante que se valorizem as iniciativas dos estudantes para que busquem novas ideias, e não a repetição e a reprodução, tão comuns nas escolas. Há a tendência de o portfólio incluir apenas as produções escritas, porque assim costuma ser realizado o trabalho nessas instituições. Espera-se que sejam apresentadas as evidências de aprendizagem de maneiras variadas, por outros meios além da linguagem escrita. Aprender a desenvolver argumentação oral é tão importante quanto aprender a ler e escrever. Na escola, a fala precisa ser valorizada para que as crianças aprendam, desde cedo, a se comunicar, a defender seus direitos, a apresentar suas argumentações para pequenos e grandes grupos, a serem entrevistadas – o que é muito comum em processos seletivos. Nos anos iniciais da educação fundamental, algumas das atividades que podem ser realizadas para isso são:

- ouvir com atenção as novidades que as crianças trazem e incentivá-las a ampliá-las, por meio de perguntas;
- criar situações que possibilitem às crianças expressar suas ideias;
- solicitar que façam pequenas comunicações orais sobre temas, fatos e textos lidos;
- organizar rodas de leitura;
- oportunizar discussão improvisada, ou não, sobre tema polêmico;
- pedir que argumentem a favor de determinada posição ou contra ela;
- criar situações em que se recitem poemas etc.

As crianças que frequentam os anos iniciais do ensino fundamental costumam ser mais espontâneas e gostam de falar. Por isso, é necessário incentivar essa postura, dando-lhes a chance de participar de teatrinhos e estimulando a conversa entre elas.

Com os estudantes dos anos finais do ensino fundamental e os do ensino médio, podem ser desenvolvidas atividades mais elaboradas, que envolvam seminários, entrevistas e recursos tecnológicos. Poderá ser construído o portfólio eletrônico.

Os princípios da construção, da reflexão e da criatividade abrem caminho para a autoavaliação. Enquanto assim trabalha, o estudante está permanentemente avaliando seu progresso. A *autoavaliação*, outro princípio, é então um componente importante. A construção, a reflexão e a criatividade conduzem-no a desenvolver a capacidade de avaliar seu desempenho com o objetivo de avançar sempre. A avaliação feita pelo professor é importante e, conjugada à do próprio estudante, faz com que se amplie a análise de suas possibilidades. A capacidade de autoavaliação está presente em várias situações de nossa vida, devendo ser desenvolvida na escola, de maneira adequada, desde cedo. O trabalho com o portfólio é uma excelente oportunidade para isso, porque os estudantes têm em mãos todas as suas produções, podendo compará-las com os critérios formulados por eles e pelo professor. Por meio dela, o próprio estudante pode reconhecer suas potencialidades e suas fragilidades. Cabe ao professor estar sempre atento e disponível para ajudá-lo a observar seu crescimento intelectual e a registrar suas análises. Se os estudantes aprendem, desde cedo, a participar da formulação dos critérios de avaliação do portfólio que atendam aos objetivos pedagógicos da escola e aos objetivos educacionais mais amplos, ganharão para toda a vida a capacidade da autoavaliação.

O processo de autoavaliação foi analisado em um dos artigos anteriores. Acrescentamos que as informações fornecidas pela autoavaliação devem ser utilizadas com ética – sobre a qual falaremos a seguir –, o que significa que só podem servir aos propósitos que são do conhecimento dos estudantes. Além disso, o professor precisa ter muita sensibilidade para distinguir as que podem e as que não podem ser comentadas publicamente. A avaliação é um ato ético por excelência.

Como introduzir a prática da autoavaliação? Com crianças pequenas, tudo é mais simples, porque elas são espontâneas e ainda não estão conformadas e adaptadas à escola do silêncio e do medo. Em conversas informais, em resposta a perguntas simples, durante a realização de atividades, elas apontam seus sentimentos e suas percepções, que serão anotados pelo professor em uma folha destinada a cada criança. Alunos da educação infantil e dos anos iniciais da educação fundamental gostam de conversar e contar o que sentem para o professor. São ótimas oportunidades para coletar suas percepções. Os comentários das crianças são inseridos no portfólio pelo professor, no caso de ainda não escreverem. Outra maneira de conhecer o que a criança sente é pedir-lhe que desenhe a escola, a turma ou a sala de aula como realmente são e como gostaria que fossem. Podem surgir cenas reveladoras de como ela percebe o trabalho pedagógico.

À medida que as crianças crescem e conseguem escrever, é importante criar espaços e o hábito de elas registrarem por escrito como se sentem trabalhando na escola, por meio de uma palavra, uma frase, um poema, um desenho etc.

Alunos maiores podem comparar suas produções com os objetivos da aprendizagem e com os critérios de avaliação, para analisarem se os atendem. Em caso afirmativo, definirão, com o professor, as atividades seguintes e, em caso negativo, analisarão, com ele, o que lhes falta aprender e como o farão. Como se observa, o papel do professor é muito importante. Em nenhum momento, ele deixa de ser o coordenador do trabalho pedagógico. O que muda é o papel do estudante: de simples cumpridor de tarefas para corresponsável. O papel do professor não é diminuído, é reforçado e valorizado.

A prática da autoavaliação por estudantes de todas as idades requer o desenvolvimento da habilidade crítica. Como são eles próprios que selecionam as produções que comporão o portfólio, essa habilidade se torna fundamental. Para isso, precisam conhecer e compreender os critérios que usarão para avaliar seus trabalhos. Tradicionalmente, esses critérios são de conhecimento apenas do professor, que os usa com flexibilidade, isto é, de forma diferente para cada estudante. A avaliação por meio de portfólio exige que os estudantes não apenas os conheçam, mas também participem de sua formulação, para que aprendam a desenvolver seus próprios critérios e a analisar seu desempenho. Desde a educação infantil, as crianças devem aprender a reconhecer e a compreender o que torna o seu trabalho "satisfatório". Desde esse nível, elas podem aprender a reagir ao seu trabalho e a fornecer suas percepções quanto à sua aprendizagem. Essa é uma aprendizagem necessária (Easley e Mitchell, 2003, p. 21).

A avaliação por meio do portfólio oferece evidências de aprendizagem ao estudante, ao professor e aos responsáveis. Para que o estudante selecione suas produções, deve reconhecer os objetivos específicos da aprendizagem e os critérios de avaliação, a fim de desenvolver suas atividades e avaliá-las segundo esses critérios. O passo seguinte será o de trabalhar com vistas ao alcance de outros objetivos. Professores e pais têm, assim, um excelente meio para discutir formas de ajuda aos estudantes para a continuidade do trabalho.

O trabalho pedagógico e a avaliação deixam de ser de responsabilidade exclusiva do professor. A *parceria* é outro princípio norteador das atividades. Easley e Mitchell (*ibidem*, p. 20) consideram que o portfólio é o único procedimento de avaliação em que estudantes e professores atuam em conjunto. Por isso, afirmam, é uma forma autêntica de avaliação, que permite aos estudantes aprenderem habilidades que lhes serão úteis por toda a vida. Esse processo lhes possibilita ainda aprender a tomar decisões sobre sua própria aprendizagem e a estabelecer objetivos para o futuro. A parceria é uma competência a ser desenvolvida na escola. Fala-se aqui da parceria estudante-professor, estudante-estudante e professor-professor. O trabalho com o portfólio, tornando-se uma prática de toda a escola, imprime dinâmica diferente ao trabalho da sala de aula e até da escola, porque são eliminadas as ações e as atitudes individualizadas, verticalizadas e centralizadoras. O trabalho do estudante é percebido como a razão de ser da escola.

A vivência desse processo desenvolve a *autonomia* do estudante frente ao trabalho, outro princípio norteador do trabalho com o portfólio. Ele percebe que pode trabalhar de forma independente e que não precisa ficar sempre aguardando orientação do professor – necessária em várias ocasiões. No entanto, é importante que o estudante perceba que pode tomar iniciativas.

O princípio da *ética* permeia todo o trabalho. A avaliação é conduzida, tendo como base o respeito ao estudante como pessoa e às suas produções. Trata-se de um ato de solidariedade, porque, ao promover a aprendizagem do estudante, a avaliação está promovendo um bem individual e coletivo; tanto ele como a sociedade são beneficiados. Estudantes educados contribuem para a constituição de uma sociedade mais humana e justa.

O trabalho com o portfólio aproxima professores e estudantes, criando oportunidades de desenvolvimento da avaliação informal, que requer a prática da ética. Nesse contexto, o respeito aos estudantes torna-se uma exigência. Uma das aprendizagens presentes nesse formato de trabalho é a do respeito à autoria das produções. O portfólio pode ser construído por um grupo de colegas, que terão de decidir qual ou quais deles são autores da cada peça incluída. Trata-se de uma aprendizagem para toda a vida. Ademais, seus autores escrevem muito, elaboram reflexões, formulam ideias e se expõem muito mais do que em outros procedimentos de avaliação. Isso é um indicador de que o professor deve ler essas produções com muito respeito, o que não retira o rigor e a seriedade da avaliação, pelo contrário, ela se torna mais responsável.

Enquanto analisa os portfólios em construção, o professor registra comentários de ordem geral e os apresenta aos estudantes o mais rapidamente possível. Quando esse *feedback* é escrito, cuidados devem ser observados, tais como:

- Combinar com os estudantes com que propósito os registros serão feitos. Serão usados para quê? Serão apresentados em reuniões de professores? Serão apresentados aos pais? Circularão entre os estudantes? Ou serão conhecidos apenas pelo estudante-autor? Os estudantes se sentirão à vontade ou não com as observações feitas pelos professores se souberem a que propósitos vão servir. Importante destacar que as negociações feitas são seguidas à risca. Tudo deve ser acertado com o grupo.
- Acordar a forma de apresentação escrita das observações: Na própria produção? Em folha à parte? Com caneta de determinada cor? Há estudantes que não gostam de ter suas produções marcadas com tinta vermelha por entenderem que isso as arruína. Outros preferem a cor por acharem que as observações se destacam. Entendo que não devem ser feitas a lápis para que a escrita não seja apagada.
- Discutir com os estudantes o que foi recomendado ou sugerido por escrito para que se tenha certeza de que todos os envolvidos têm o mesmo entendimento. Um tempo, na sala de aula, precisa ser reservado para essa tarefa.
- Escrever comentários que possam ser compreendidos. Muitas vezes, eles são tão lacônicos que não transmitem a mensagem desejada. Por exemplo: "detalhes?", ou "apenas isso?", ou "podia ser melhor", ou "não gostei", ou "você é capaz de fazer melhor", ou "muito bom", ou "por favor, termine", ou "responda a todas as questões". Além disso, dessa forma, são desrespeitosos. Se queremos formar cidadãos solidários e capazes de ter inserção social crítica, precisamos cuidar de todos os detalhes. A avaliação é uma categoria do trabalho pedagógico que oferece amplas possibilidades de formação.
- Escrever de forma legível e respeitosa. Comentários rabiscados dão a impressão de terem sido feitos apressadamente, com desleixo e sem que se desse importância.

Socialização de portfólios

Além do *feedback* constante, a socialização dos portfólios durante seu processo de construção e ao seu final promove momentos de muitas aprendizagens. Essa atividade é organizada pelo professor e pelos estudantes, combinada com eles com antecedência por meio de discussão sobre os seus propósitos. Contribui para a desinibição dos construtores do portfólio, para valorizar suas produções, evitar competições, discutir os avanços das aprendizagens de todos e, principalmente, coibir competição. Seu objetivo maior é proporcionar avaliação participativa. Se notas ou outras formas de classificação estiverem incluídas, toda a grandiosidade do trabalho será enfraquecida.

Os momentos de socialização criam oportunidade de oferecimento de *feedback* oral pelo professor e pelos estudantes. Esses momentos ocorrem durante o processo de construção e ao final. Desde que compreendida como processo e não como um fim em si mesma e dissociada da atribuição de notas, a avaliação por colegas pode ser mais bem aceita do que a realizada pelo professor. Esse tipo de avaliação permite a participação dos estudantes e aumenta a comunicação entre eles e o professor. Os estudantes aprendem assumindo o papel de professores e de avaliadores das aprendizagens dos colegas.

Concluídos, os portfólios constituem "peças únicas" (Sá-Chaves 1998, p. 41) que pertencem a seus autores. Podemos até ter a vontade de ficar com alguns deles, mas nossa concepção de trabalho pedagógico e de avaliação formativa indicam que os louros da aprendizagem cabem a seus autores.

Esse texto trata do portfólio construído pelo estudante. Uma ideia inovadora seria a escola ter seu portfólio, construído coletivamente, tendo como referência seu projeto político-pedagógico. Sua grande contribuição seria ter à disposição de todos os que nela atuam e dela se beneficiam um dispositivo que desse transparência a todo o trabalho desenvolvido. Para isso, o portfólio terá de ficar disponível para que todos o acompanhem e possam acrescentar informações e imagens. Que tal em um mural? Assim concebido e desenvolvido, o portfólio dá transparência ao trabalho da escola e valoriza a atuação de todos os que nela atuam.

Referências bibliográficas

ARTER, J.A. e SPANDEL, V. (1992). "Using portfolios of student work in instruction and assessment". *Educational Measurement: Issues and Practice*, v. 11, n. 1, pp. 36-44.

BLACK, P. e WILIAM, D. (1998). "Assessment and classroom learning". *Assessment in Education: Principles, Policy and Practice*, v. 5, n. 1, mar. Londres: Carfax.

BLACK, P. *et al.* (2003). *Assessment for learning: Putting it into practice.* Maidenhead/Nova York: Open University Press.

EASLEY, S. e MITCHELL, K. (2003). *Portfolios matter: What, where, when, why and how to use them.* Ontario: Pembroke Publishers.

FERNANDES, D. (2008). *Avaliar para aprender: Fundamentos, práticas e políticas*. São Paulo: Ed. da Unesp.

MURPHY, S. (1997). "Teachers and students: Reclaiming assessment via portfolios". *In*: YANCEY, K.B. e WEISER, I. (orgs.). *Situating portfolios: Four perspectives.* Logan: Utah State University Press, pp. 72-88.

SÁ-CHAVES, I. (1998). "Porta-fólios: No fluir das concepções, das metodologias e dos instrumentos". *In:* ALMEIDA, L. S. e TAVARES, J. (orgs.). *Conhecer, aprender, avaliar*. Porto: Porto Ed.

SADLER, R. (1989). "Formative assessment and the design of instructional systems". *Instructional Science*, n. 18, jun., pp. 119-144.

VALENCIA, S. (1990). "A portfolio approach to classroom reading assessment: The whys, whats and hows". *The Reading Teacher*, v. 43, n. 4, jan., pp. 338-340.

VILLAS BOAS, B.M. de F. (2001). "Avaliação formativa: Em busca do desenvolvimento do aluno, do professor e da escola". *In:* VEIGA, I.P.A. e FONSECA, M. (orgs.). *As dimensões do projeto político-pedagógico: Novos desafios para a escola.* Campinas: Papirus.

VILLAS BOAS, B.M. de F. (2004). *Portfólio, avaliação e trabalho pedagógico*. Campinas: Papirus.

WEEDEN, P.; WINTER, J. e BROADFOOT, P. (2002). *Assessment: What's in it for schools?*. Londres: Routledge; Nova York: Falmer.

11
A PROVA A SERVIÇO DA APRENDIZAGEM

Elisângela T. Gomes Dias

Como há tempos a prova ocupa lugar de destaque no processo avaliativo da maioria das escolas, vinculando-se geralmente à avaliação somativa, difunde-se a falsa ideia de que sua finalidade restrita é classificar os estudantes em "aptos" ou "inaptos", ao final de determinada etapa. Outra falsa ideia bastante comum é em relação a instrumentos considerados "qualitativos", a exemplo do portfólio, ao passo que a prova seria um instrumento meramente "quantitativo". De modo semelhante, a utilização de procedimentos considerados de natureza qualitativa e a serviço da avaliação é, por vezes, descartada por se acreditar que eles têm problemas de validade e confiabilidade, em função do alto grau de subjetividade presente em sua realização e análise. É como se o fato de avaliar pudesse, a depender do procedimento utilizado, ser preciso o suficiente para garantir o alcance dos objetivos gerais que estruturam o currículo, desconsiderando as especificidades de cada estudante e o contexto em que se situam.

Considerando que a avaliação formativa e a somativa têm funções distintas (Fernandes 2008) e que, por isso, precisam ser compreendidas em uma perspectiva mais ampla, vamos, neste capítulo, provocar reflexões acerca dos usos e das possibilidades da prova como instrumento capaz de fornecer indicativos que podem ser aferidos no contexto da avaliação voltada para as aprendizagens.

Para começo de conversa, é importante esclarecer: práticas de avaliação estão apoiadas, conscientemente ou não, em concepções epistemológicas, ontológicas e metodológicas. Avaliar é uma ação complexa que envolve o estabelecimento de juízos de valor que orientam a tomada de decisões. Não se resume à aplicação de testes e usos de medidas, embora recolha informações que integram o ato avaliativo. A avaliação é uma construção social que comporta diferentes funções, estando presente em todas as etapas do planejamento do trabalho pedagógico. A defesa é que ela seja diversificada, contextualizada, bem planejada e organizada, de modo que possa atender os diferentes estilos de aprendizagens e cumprir sua principal finalidade: retroalimentar a ação educativa.

O que questionamos em relação à prova é como esta pode cumprir os requisitos de validade e confiabilidade que lhe são atribuídos para além da função técnica. O desafio é fazer uso da prova não como um instrumento absoluto, no contexto da racionalidade técnica, mas como mais uma estratégia de avaliação no domínio das aprendizagens. Para tanto, provocaremos duas reflexões pontuais: a primeira, acerca do processo de elaboração da prova na perspectiva formativa; a segunda, sobre suas limitações e suas possibilidades.

Elaboração da prova na perspectiva formativa

A prova, assim como todo o processo avaliativo, está unida aos objetivos educacionais. O primeiro passo, portanto, é estabelecer quais objetivos definidos podem ser avaliados por meio desse instrumento. A taxonomia de Benjamim Bloom ainda é bastante utilizada no processo de elaboração da prova escrita, em especial sua obra voltada ao domínio cognitivo, publicada em 1956 e revisada posteriormente por Anderson e Krathwohl (2000). Isso acontece porque, nessa proposta, os objetivos são arranjados em uma hierarquia do menos para o mais complexo, o que possibilita uma clara definição do que os educadores querem que os estudantes demonstrem que aprenderam.

Ocorre que muitos professores se atêm a aspectos relativos aos níveis mais baixos da taxonomia (conhecimento, compreensão e aplicação), explorando de maneira exagerada a memorização – característica da perspectiva tradicional de ensino. Assim, os verbos da taxonomia mais utilizados nessas provas são: escrever, listar, nomear, definir, explicar, resumir, descrever, ilustrar, resolver, demonstrar, entre outros. E mais: geralmente essas palavras são utilizadas no comando das questões, sem precisão de sentido no contexto e sem parâmetros para correção. A avaliação, nessa perspectiva, é tomada como a verificação do que foi apreendido de uma quantidade de conteúdos traçada segundo determinados objetivos de ensino e medidos por meio da prova. Isso faz com que a prova exija respostas geralmente padronizadas e memorizadas, provocando efeitos colaterais perversos que forjam comportamentos inapropriados, como "colar" durante sua realização.

No entanto, pesquisas no campo psicológico revelam que os estudantes retêm melhor o conhecimento quando aprendem a abordar um tópico de nível mais elevado da taxonomia (análise, síntese e avaliação), como constatam Bloom, Hastings e Madaus (1983). Isso ocorre porque se exige a interação ativa dos estudantes, por meio da capacidade de compreensão e elaboração de pensamento próprio, e não de repetição e submissão.

Nesse contexto, o desafio é propor questões operatórias e não transitórias a partir de uma contextualização. Méndez (2002, p. 117) acrescenta: "Se realmente pretendemos desenvolver a inteligência, é necessário fazer perguntas que a estimulem, e não que a paralisem ou a limitem a tarefas que não exigem reflexão, tarefas de repetição e de memória sem sentido ou, o que é pior, a esclerosem". Para tanto, a prova deve estar voltada para a mobilização, a integração e a aplicação do conhecimento, o que requer que as tarefas propostas sejam criteriosamente selecionadas. Um caminho é o uso de questões que possibilitem ao estudante a retomada de conhecimentos, constituídos no processo de escolarização, para aplicá-los em situações-problema que envolvem práticas sociais. Assim, exploram-se estratégias cognitivas que requerem habilidades de taxonomia mais elevadas. Os verbos da taxonomia utilizados passam a ser: diferenciar, relacionar, comparar, organizar, inferir, analisar, criticar, refletir, sintetizar, criar, produzir, entre outros.

O objeto de avaliação deixa de ser situado em operações intelectuais ou em saberes privilegiados para dar lugar a tarefas socialmente significativas (Hadji 2001), o que implica o estabelecimento de um processo dialógico que parte necessariamente da prática social. O estudante é, desse modo, ativo, e a ação didática é voltada para a formação crítica, tornando também formativo o processo avaliativo: contínuo, voltado para as aprendizagens e desenvolvido em regime de corresponsabilidade entre professores e estudantes. O conhecimento não é descartado, mas passa a ser sistematizado a partir da problematização que o vincula aos saberes que os estudantes já possuem – tese defendida por Saviani (2008) – e que põe em movimento a relação entre professor e aluno no interior da escola. Assim, aplicada individualmente ou a um grupo de estudantes, a prova deve possibilitar o desenvolvimento do pensamento crítico, criativo e autônomo. Para isso, não deve centrar-se somente em questões objetivas e em respostas uniformes. Sua validade se assenta na consistência dos argumentos, o que exige perguntas que provoquem a reflexão e ativem a imaginação.

Em síntese, concordamos com Méndez (2002, p. 98): "Mais que o instrumento, importa o tipo de conhecimento que põe à prova o tipo de perguntas que se formula, o tipo de qualidade (mental ou prática) que se exige e as respostas que se espera obter conforme o conteúdo das perguntas ou problemas que são formulados". A prova pode ser bastante útil para acompanhamento do processo pedagógico. Entretanto, assim como qualquer outro instrumento, seu valor está no uso que se faz dela.

Limitações e possibilidades da prova

Seja qual for a estratégia, o instrumento ou o procedimento usado no processo avaliativo deve estar a serviço da aprendizagem do estudante. Assim, mesmo quando a prova é utilizada para medir conhecimento e atribuir conceito ou menção ao final de uma etapa, é preciso ter clareza de que seus resultados não podem ser considerados absolutos, por diferentes razões.

Primeiro, a prova tem limitações. Quando bem elaborada, pode indicar o domínio de importantes habilidades. Todavia, considerando-se o contexto multifacetado e multideterminado em que o estudante está inserido, exigem-se diferentes habilidades para a resolução de uma rede de situações complexas que não são aferidas por meio de provas. Assim, conceber e valorizar a adoção de um único instrumento avaliativo faz com que a avaliação esteja voltada para classificar e excluir. Além disso, é preciso considerar as especificidades dos estudantes e os diferentes fatores que interferem nesse processo, tais como a ansiedade e a tensão.

Segundo, os aspectos qualitativos devem sobrepor-se aos quantitativos, como determina o artigo 24 da Lei de Diretrizes e Bases da Educação Nacional – LDB (Brasil 1996). A prova não pode ter um impacto maior na tomada de decisão relativa ao progresso acadêmico dos estudantes, com peso desproporcional às demais estratégias avaliativas diretamente relacionadas ao acompanhamento das aprendizagens. Ademais, o fato de haver critérios bem definidos e previamente acordados com os estudantes não inviabiliza que o professor altere o resultado a partir de uma análise mais global acerca de seu desenvolvimento. De modo similar, o estudante pode ter a oportunidade de rever sua prova a partir de orientações gerais e fazer modificações, justificando as alterações em suas respostas. Esse movimento certamente fará com que o instrumento utilizado suscite ou sistematize saberes em desenvolvimento.

Terceiro, mesmo utilizada em uma perspectiva formativa que promove a democratização e as aprendizagens, considerando os estilos e os ritmos de cada estudante, a prova não ocupa centralidade na avaliação. No contexto atual, é muito comum gestores e professores justificarem o uso da prova escrita em atendimento às políticas de avaliação, que utilizam testes homogeneizados para verificar a qualidade da educação. Difunde-se uma falsa ideia de que o "treino" contínuo dos estudantes é o que assegura o alcance de bons resultados. Isso acarreta sérias consequências que transitam desde o estreitamento curricular até a desvalorização do magistério por meio do fortalecimento de políticas de responsabilização e meritocracia (Freitas 2011).

A prova pode ser uma rica estratégia de avaliação voltada para as aprendizagens quando, no espaço da sala de aula, o *feedback*, a autoavaliação e a heteroavaliação têm papel fundamental na formação dos estudantes. Além disso, seu objetivo não dever ser puni-los, uma vez que participam ativamente da dinâmica avaliativa. Antes de sua realização, discute-se o que será avaliado e quais serão os critérios adotados. A prova corresponde ao que os estudantes vivenciaram durante as aulas, vinculando-se às atividades realizadas no dia a dia. O clima em sala de aula, antes e durante a prova, é de tranquilidade, com encorajamento constante do professor. Depois de aplicada, o *feedback* é cuidadosa e rapidamente realizado, possibilitando que estudantes e docentes se autoavaliem e retomem os aspectos que evidenciaram não terem sido alcançados em relação aos objetivos propostos. Como parte integrante do processo de aprendizagem, as informações partilhadas poderão, inclusive, alterar os rumos do planejamento das próximas ações. A avaliação torna-se transparente e, mesmo que os resultados sirvam para compor a avaliação somativa, a prova estará articulada com a avaliação formativa.

Importante registrar que a avaliação é parte de uma concepção curricular. Se a lógica do processo didático estiver ancorada no currículo-coleção, com foco no conteúdo (paradigma da transmissão), a avaliação formativa não ganhará espaço, e a prova certamente será utilizada na lógica classificatória. A contextualização e o fomento a práticas interdisciplinares – marcas de um currículo integrado (paradigma da interação social) – possibilitam que a avaliação seja inclusiva, assegurando a acessibilidade pedagógica.[1] A prova passa a compor um conjunto de estratégias e métodos utilizados para acompanhar se os objetivos estão sendo atingidos ou se precisam ser modificados ao longo do processo. A avaliação, portanto, constitui um ciclo contínuo, que se inicia no momento em que orienta a construção do planejamento, percorre todas as etapas de seu desenvolvimento e retroalimenta a ação educativa. Inserida nesse processo mais amplo, a prova deixa de ser utilizada como instrumento de prestação de contas ou mera questão técnica. É posta a serviço das aprendizagens, a partir de uma cultura de sucesso, e pensada como uma estratégia eminentemente pedagógica.

---

1. O currículo-coleção, como explica Bernstein (1977), organiza os conteúdos de maneira prescritiva, linear e hierarquizada, tendo como características: a) a fragmentação e a descontextualização dos conteúdos culturais e das atividades didático-pedagógicas e acadêmicas realizadas na escola por estudantes e professores; b) os livros didáticos como definidores do que o professor deve priorizar em sala de aula; c) as disciplinas escolares trabalhadas de forma isolada, impedindo os vínculos necessários com a realidade; d) a postura passiva dos estudantes diante de práticas transmissivas e reprodutivas de informações; e) o processo do trabalho pedagógico desconsiderado, priorizando-se os resultados por meio de exames externos indicadores do padrão de qualidade. Diferentemente, no currículo integrado, há uma visão articulada de áreas de conhecimento/componentes curriculares, de saberes e de ciências; as metodologias são mais dinâmicas, mutáveis e articuladas aos conhecimentos. A avaliação das aprendizagens, nesse contexto, adquire sentido emancipatório porque considera o conhecimento em sua totalidade e em permanente construção.

Referências bibliográficas

ANDERSON, L.W. e KRATHWOHL, D.R. (2000). *Taxonomy for learning, teaching, and assessing: A revision of Bloom's taxonomy of educational objectives*. Nova York: Addison Wesley.

BERNSTEIN, B. (1977). *Clases, códigos y control, v. 2: Hacia una teoría de las transmisiones educativas*. Madri: Akal.

BLOOM, B.S. (1956). *Taxonomy of educational objectives, v. 1*. Nova York: David McKay.

BLOOM, B.S.; HASTINGS, J. e MADAUS, G.F. (1983). *Manual de avaliação formativa e somativa do aprendizado escolar*. São Paulo: Pioneira.

BRASIL (1996). Lei de Diretrizes e Bases da Educação Nacional. Lei n. 9.394 de 20 de dezembro de 1996. Brasília.

FERNANDES, D. (2008). "Para uma teoria da avaliação no domínio das aprendizagens". *Estudos em Avaliação Educacional*, v. 19, n. 41, set.-dez. Fundação Carlos Chagas.

FREITAS, L.C. (2011). "Responsabilização, meritocracia e privatização: Conseguiremos escapar ao neotecnicismo?". *3º Seminário de Educação Brasileira*. Simpósio PNE – Diretrizes para Avaliação e Regulação da Educação Nacional. Campinas: Cedes.

HADJI, C. (2001). *Avaliação desmistificada*. Porto Alegre: Artmed.

MÉNDEZ, J.M.A. (2002). *Avaliar para conhecer, examinar para excluir*. Porto Alegre: Artmed.

SAVIANI, D. (2008). *Pedagogia histórico-crítica*. São Paulo: Cortez/Autores Associados.

12
DISCUSSÃO COM OS PAIS/RESPONSÁVEIS E ESTUDANTES SOBRE O PROCESSO DE APLICAÇÃO DE PROVAS

Deire Lúcia de Oliveira

Um questionamento natural dos que desejam aderir a uma proposta formativa de avaliação é saber se é necessário romper com os instrumentos avaliativos tradicionalmente utilizados pela escola. Muitos professores que almejam renovar suas práticas avaliativas não sabem como começar. Além disso, pensam ser necessário abandonar tudo o que vinham fazendo e iniciar do zero. A avaliação formativa nem sempre encanta à primeira vista por parecer trabalhosa, complicada e distante da prática usual. O mais importante é que ela transforme a maneira de o professor ensinar.

Avaliar sempre foi uma prática de responsabilidade exclusiva do docente, a quem cabe decidir sobre os rumos de seu trabalho e, consequentemente, sobre o destino escolar dos estudantes. Esse cenário precisa mudar se o objetivo for formar pessoas para a cidadania responsável. O processo avaliativo nem sempre é discutido com os principais interessados, ou seja, com pais/responsáveis e estudantes. Isso acontece porque ainda não é costume desenvolver trabalho colaborativo nas escolas. Ao ser debatido entre os professores e a comunidade escolar, o processo se fortifica, visto que se torna de responsabilidade de todos. É o que desejava Sônia,[1] professora há mais de 15 anos na rede pública de ensino do Distrito Federal.

Este capítulo trata de uma reunião com pais/responsáveis e estudantes, em que a professora Sônia expôs e discutiu um processo peculiar de aplicação de provas, inserindo-as na avaliação formativa. Nesse momento, a professora também aproveitou para esclarecer as dúvidas preliminares e tranquilizar os presentes, pois tratava-se de uma prática instaurada por ela havia alguns anos e em constante aprimoramento.

---

1. Nome fictício.

Durante a primeira reunião do ano letivo, a professora se apresentou, deu as boas-vindas e falou sobre deveres e direitos dos estudantes para o ano letivo que se iniciava. Explicou que eles cursariam o 4º ano do ensino fundamental, uma vez que tinham completado o Bloco Inicial de Alfabetização (BIA),[2] e destacou que o esperado era que as crianças chegassem a esse ano escolar sabendo ler e fazer contas com destreza, mas que isso nem sempre ocorria. Ponderou que cada criança tem um ritmo diferente e nem todas alcançam essas competências no tempo previsto, mas que faria o possível para ajudá-las em todas as necessidades.

Sônia relatou ainda que, para evitar grandes disparidades entre as turmas de um mesmo ano, na mesma escola, eram aplicadas provas iguais em todas elas. Esse procedimento não lhe agradava muito, confessou, mas não o evitava, pois ela já era vista pelos colegas como uma professora que facilitava a vida de seus estudantes. Fez, então, um desabafo: havia colegas que diziam que ela dava "cola" aos alunos. Acrescentou que manter uma boa convivência em seu ambiente de trabalho era uma de suas preocupações, pois sabia que, sem isso, suas práticas poderiam ser desvalorizadas, e seu desejo era "encantar" e encontrar adeptos e parceiros para discutir e fortalecer as ações que colocassem as aprendizagens das crianças em primeiro lugar.

Ela indagou o que os presentes entendiam por avaliação. A maioria se referiu à aplicação de prova. Argumentou, então, que prova era apenas um dos instrumentos de avaliação usados por ela como meio de analisar a aprendizagem de cada estudante para que pudesse ajudar os que ainda estavam em processo de aprendizagem. Entretanto, a utilizava de maneira diferente daquela que a maioria conhecia. Esclarece: "Há um momento em que o estudante vai ter de mostrar o que realmente aprendeu". Mais de uma vez, afirmou que cada turma apresenta suas especificidades, não havendo duas iguais, porque cada estudante tem seu ritmo e suas necessidades específicas. Não adiantaria, portanto, insistir em realizar um trabalho padronizado. Os resultados da avaliação mostram as diferentes necessidades de aprendizagem.

Antes de a professora expor sua maneira de usar a prova, os pais começaram a ficar inquietos e preocupados, e perguntaram se ela dava aula particular, pelo fato de demonstrar interesse em acompanhar cada estudante. Calmamente, a professora continuou esclarecendo que não era um trabalho individualizado o tempo todo, mas que, quando necessário, ela o faria, pois sua intenção se voltava para que todos aprendessem o máximo possível. Com esse enfoque, a prova serviria, assim como outros instrumentos e procedimentos, para que percebesse como estava a compreensão do conteúdo pela turma de modo geral e por cada estudante.

A prova foi apresentada aos pais e aos estudantes como um procedimento tranquilo e sem complicação; nada havia a temer. Não seria utilizada como barganha, punição ou controle autoritário sobre a turma, argumento coerente com o que Luckesi (2011, p. 80) propõe quando afirma que a "Avaliação Educacional deverá manifestar-se como um mecanismo de diagnóstico da situação, tendo em vista o avanço e o crescimento e não a estagnação disciplinadora". Sônia aproveitou o momento para discutir com os pais os benefícios da avaliação formativa, mesmo sem nomeá-la, por acreditar nessa proposta e por ser a defendida nos documentos da rede pública de ensino do Distrito Federal como a mais adequada para promover as aprendizagens. Infelizmente, muitos professores ainda encontram dificuldade em incluir os pais/responsáveis como partícipes do trabalho da escola. Sendo a avaliação a categoria do trabalho pedagógico que sinaliza os rumos a seguir, realçar seu lado formativo

---

2. O BIA corresponde, no Distrito Federal, ao 1º bloco do 2º ciclo para as Aprendizagens, compreendendo os 1º, 2º e 3º anos do ensino fundamental. O 4º ano compõe, portanto, o 2º bloco desse mesmo ciclo.

e democrático para os pais/responsáveis é imperioso, pois constitui um meio de incluí-los no processo de discussão e na tomada de decisões. Eles se beneficiarão duplamente disso: participarão do trabalho da escola e incorporarão os mesmos princípios à educação dos filhos.

A professora tinha clareza do que desejava e, ao longo do tempo, foi lapidando estratégias para consegui-lo. Reafirmou que os momentos de prova seriam muito tranquilos. Esse seria o clima que se instalaria em sua sala de aula, inclusive nos momentos avaliativos formais. Foi muito feliz em sua explicação, defendendo que os erros cometidos nas questões mostrariam em que os estudantes deveriam melhorar. E mais: o reconhecimento dos erros lhe possibilitaria direcionar sua atuação, visando auxiliar os estudantes a pensar sobre seus erros para, juntos, buscarem novas possibilidades de avanços nas aprendizagens.

A professora relembrou o procedimento padrão, de acordo com o qual a prova é aplicada, recolhida e corrigida, quando, então, são marcados acertos e erros, e seus resultados apresentados aos pais em reunião ou em boletins. Explicou que, em um primeiro momento, aplicaria a prova de maneira individual e sem consulta, recolheria e faria anotações somente nas questões corretas. As que não estivessem completamente certas não receberiam anotações ou marcações, como um "X de errado". Em outras palavras, não registraria comentários nas que contivessem erro ou estivessem incompletas.

Seu propósito era perceber o que cada estudante e a turma, em geral, haviam aprendido ou não, para que pudesse refletir: O que levou o estudante a não acertar determinada questão? Por que houve tanta incidência de um mesmo erro? O que pode ser feito para esclarecer tais dúvidas? Quais ações podem ajudar os estudantes? Assim procedendo, o processo não se encerraria nesse momento, com a atribuição de determinada menção (excelente, muito bom, bom, regular) a cada estudante, e prosseguindo o conteúdo prescrito como se não houvessem sido identificadas necessidades de aprendizagem ou como se fosse responsabilidade somente dos estudantes e de seus responsáveis o suprimento de tais carências. Sônia relatou que se via como uma professora que não apenas ensinava, mas também que estava ao lado dos estudantes para ajudá-los na superação de obstáculos.

A prova, com todos os acertos assinalados, seria distribuída novamente a cada estudante para que esse pudesse perceber e analisar o que acertara e o que não estava completamente certo. Esse segundo momento seria individual e de curta duração. A professora recolheria novamente as provas e daria prosseguimento ao trabalho, abordando temas que remetessem aos erros cometidos, fomentando a discussão e estimulando a compreensão. Os estudantes tirariam suas dúvidas, porque, segundo ela, "o tempo de escolarização é um período de consolidação das aprendizagens". Entendia que, se as dúvidas não fossem esclarecidas, se configurariam como lacunas, e esse não era seu desejo. Nesse debate e nesse esclarecimento coletivo, um estudante ajudaria o outro, a professora ajudaria todos e todos se ajudariam.

Sônia pontuou que essa atitude respeita o tempo de cada um para pensar e aprender. Mesmo que tudo tenha sido dito e abordado em sala, dúvidas e questionamentos surgem ao longo do processo de ensino e aprendizagem. É o respeito aos tempos e aos espaços individuais, sem desprezar a subjetividade do coletivo.

Após essa etapa de elucidação e debate, como terceiro momento, Sônia devolveria a prova aos estudantes para que refizessem as questões que não haviam acertado. Nesse ponto da reunião, perguntou aos presentes se concordavam com esse procedimento ou se deveria aplicar outra prova. Um grupo de pais entendeu que deveria ser aplicada a mesma prova. Entretanto, um deles ponderou que, dessa forma, todos "tirariam dez", o que não seria correto. A professora sorriu carinhosamente e disse que, infelizmente, nem todos costumavam "tirar dez", mas que muitos refariam acertadamente as questões. Então, ela indagou: não é função da escola trabalhar para que todos aprendam o necessário para continuar os estudos? Os presentes demonstraram surpresa e um discreto contentamento. Ela disse não ter interesse em saber o que o estudante acertou ou não e simplesmente parar por aí, mas avançar na mediação pedagógica; seu desejo era descobrir em que ele errou para ajudá-lo a compreender a lógica ou origem de seu erro e lhe possibilitar corrigi-lo.

A professora cstava destituindo a prova, um instrumento avaliativo tradicional, de lógica classificatória, inserindo-a na concepção formativa de avaliação. Ao acreditar na capacidade de aprendizagem dos estudantes e insistir com eles em retomar as questões não acertadas, Sônia põe em prática o dever da escola de avaliar com vistas às aprendizagens de cada estudante. A professora desenvolve a prova em fases, assim denominada por Pires (2013) e por alguns pesquisadores que tratam da aprendizagem do conhecimento matemático, visto que se aproxima dessa maneira de trabalho ao usar os momentos avaliativos para auxiliar as aprendizagens em matemática dos estudantes. Nos demais componentes curriculares, ela declarou se sentir confortável com sua opção pelo uso do portfólio. Entretanto, atualmente lança mão da estratégia utilizada em matemática sempre que julga necessário, estendendo às demais disciplinas.

Pires (*ibidem*, p. 97) ressalta que "a Prova em Fases pode provocar a mudança na maneira que os professores interpretam e analisam a produção escrita dos alunos. Esta proposta, trabalhar com Prova em Fases, requer muito mais do que olhar apenas para a resposta do aluno". O procedimento-padrão de aplicar uma prova, corrigi-la e atribuir nota não traz contribuição à conquista das aprendizagens. Essa seria a função somativa da avaliação que pode servir a fins classificatórios. É necessário ir além, criando oportunidade para o estudante repensar o que escreveu e reelaborar sua argumentação.

Sônia justificou aos presentes que a prova, assim inserida no trabalho pedagógico, contribuía para que todos os estudantes aprendessem. Sua opção por desenvolvê-la em três ou mais momentos, caso necessário, não se deu sem aporte teórico. As "Diretrizes de avaliação educacional: Aprendizagem, institucional e em larga escala", da Secretaria de Estado de Educação do Distrito Federal (2014-2016), em vigor à época da reunião, defendiam o uso da avaliação formativa e ofereciam orientações sobre a prova em um item específico, estabelecendo que "a construção da prova deve levar em conta os objetivos de aprendizagem e sua correção deve ser feita por meio de critérios conhecidos pelos estudantes, para que se constitua um espaço-tempo de aprendizagens" (Distrito Federal 2014-2016, p. 50).

O trabalho com prova em fases foi construído, segundo a professora, paulatinamente, com reflexões e adaptações a partir do retorno dos estudantes, e fortalecendo-se com o tempo, principalmente pelo envolvimento dos pais/responsáveis desde o início do ano, como naquele momento. Por meio dessas informações, os presentes foram se sentindo confiantes com relação ao uso que a professora faria da prova e acreditando que se tratava se uma rica oportunidade de aprendizagem.

Sônia estava tirando proveito do espaço-tempo de encontro com os pais/responsáveis de maneira agradável e em favor dos estudantes. As diretrizes de avaliação confirmam esse pressuposto quando dedicam um item ao compromisso da família com a avaliação formativa, afirmando que a concepção de avaliação formativa pressupõe "o diálogo entre os sujeitos envolvidos" e que "incluir as famílias no processo avaliativo amplia as possibilidades de compreensão dos percursos vivenciados pelos estudantes" (*ibidem*, p. 33).

Esteban (2003) ajuda a compreender a necessidade percebida por Sônia de compartilhar com os pais e os estudantes como ela compreende o processo avaliativo da aprendizagem e o uso formativo da prova. Talvez, como estudante, ela tenha se submetido ao jeito tradicional de realizá-la. Como professora questionadora de sua prática e comprometida com a conquista das aprendizagens pelos alunos estudantes, quis fugir à regra de que

> avaliar diz respeito a uma tarefa solitária, de responsabilidade exclusiva da professora que propõe os instrumentos a serem usados, elabora-os, aplica-os e analisa-os, acompanhada de pressão constante decorrente das repercussões do resultado da avaliação na vida do aluno ou da aluna. A solidão às vezes é partilhada com a colega da outra turma, com a supervisora ou com a diretora (partilha que pode adquirir a feição de ordem a ser cumprida), poucas vezes, embora ocorra, com os estudantes e/ou seus responsáveis ou com os demais funcionários que trabalham na escola. (*Ibidem*, p. 14)

Sônia não estava preocupada com notas. Sua prática avaliativa responde à indagação de Ferraz e Macedo (2003, p. 145): "É possível que o uso das notas e dos conceitos, apesar do sentido classificatório que apresenta, atribua ao processo educativo outros sentidos que favoreçam uma aprendizagem mais significativa, servindo como instrumento de integração e autoavaliação?". Das explanações de Sônia, depreende-se que sim. A prova não era aplicada com o objetivo de atribuir nota. Apesar de esse instrumento, em seu formato tradicional, ser reconhecido, valorizado e até mesmo desejado por alguns estudantes e suas famílias, a professora se esforçava por associá-lo a atividades de compartilhamento e promotoras de aprendizagens.

Dois foram os méritos da aplicação da prova em fases pela professora: construir uso formativo da prova e inserir os pais/responsáveis e os estudantes no processo de discussão. A professora teceu, por meio desse processo, sua prática avaliativa. Ao expô-la aos pais/responsáveis e aos estudantes com o objetivo de tê-los como parceiros, permitiu-se ser avaliada (Esteban 2003, pp. 29 e 34). Entendeu que, "para não classificar e excluir é preciso que muita coisa mude na escola, inclusive em si mesma" (*ibidem*, p. 23). Não sabemos se houve mudança na escola. Em Sônia, certamente.

Referências bibliográficas

DISTRITO FEDERAL (2014-2016). Secretaria de Estado de Educação do Distrito Federal (SEEDF). "Diretrizes de avaliação educacional: Aprendizagem, institucional e em larga escala". Brasília.

ESTEBAN, M.T. (2003). "Ser professora: Avaliar e ser avaliada". *In*: ESTEBAN, M.T. (org.). *Escola, currículo e avaliação*. São Paulo: Cortez.

FERRAZ, M.C.R. e MACEDO, S.M.M. de (2003). "As afluências de um rio chamado avaliação escolar". *In*: ESTEBAN, M.T. (org.). *Escola, currículo e avaliação*. São Paulo: Cortez.

LUCKESI, C.C. (2011). *Avaliação da aprendizagem escolar: Estudos e proposições*. 22ª ed. São Paulo: Cortez.

PIRES, M.N.M. (2013). "Oportunidade para aprender: Uma prática da reinvenção guiada da prova em fases". Tese de doutorado em Ensino de Ciência e Educação Matemática. Londrina: Universidade Estadual de Londrina.

13
DEVER DE CASA: QUAL É O SEU LUGAR?

Enílvia Rocha Morato Soares

Eu nunca tinha parado pra pensar nisso... sério mesmo. Pra que a gente manda tarefa de casa? Que hábito foi esse que a escola adquiriu? Quem inventou isso? Será que não é mais uma forma de punir as crianças? De cobrar das crianças... às vezes até de tirar um pouco da responsabilidade, de tua responsabilidade como professora, né? São coisas que eu comecei a pensar.
Professora da rede pública do Distrito Federal

A inquietude no relato dessa professora, alfabetizadora, há 21 anos, na rede pública de ensino do Distrito Federal, ao ser questionada sobre o uso rotineiro do dever de casa em sua turma, sugere que essas atividades, não raramente, têm sido adotadas de forma irrefletida e, por esse motivo, pouco ou nada têm contribuído para as aprendizagens dos estudantes.

Independentemente do modo como os deveres de casa vêm sendo utilizados, estudos (Nogueira 2002; Villas Boas e Soares 2013) atestam não ser esta uma prática recente,[1] aspecto que pode estar contribuindo para sua naturalização no âmbito das escolas e, por que não, da própria sociedade.

No entanto, o envio de atividades escolares para serem realizadas fora da escola só ganha maior destaque nas pesquisas científicas e na mídia a partir da década de 1990. Nesse período, quando se intensifica o discurso neoliberal de escolas como motor de eficiência, estimulando a competitividade individual e institucional, a participação dos pais/responsáveis[2] na vida escolar dos filhos[3] tornou-se

1. A *Ratio Studiorum* – Plano de Estudos da Companhia de Jesus – que ditava o comportamento dos membros da hierarquia educacional jesuíta e indicava o que os mestres deveriam ensinar, estabelecendo regras práticas para serem aplicadas aos colégios, já apresentava indícios de que algumas atividades escolares deveriam ser feitas fora do período de aula.
2. A definição de "pai" aqui adotada inclui mãe, tios, avós ou qualquer outro adulto responsável pela guarda legal ou pelos cuidados com seus filhos ou seus dependentes.
3. A utilização do termo "filho" refere-se também à filha ou a qualquer outro dependente.

mais requerida, e sua responsabilização pela melhoria do desempenho escolar dos dependentes, mais evidente. O dever de casa sobressai em meio a esse contexto por ser o elo condutor – ou pelo menos uma tentativa de sê-lo – entre a família[4] e a escola. Perrenoud (1995, p. 90) confirma esse pressuposto ao afirmar que "família e escola são duas instituições condenadas a cooperar numa sociedade escolarizada". No centro dessa relação, encontra-se o estudante que, por meio de diferentes "mensagens", entre elas o dever de casa, se torna o *go-between* (*ibidem*) entre pais e professores, passando a ser alvo de pressões, julgamentos e expectativas advindas de cada um deles ou de outros representantes desses segmentos. Emerge, nesse cenário, a necessidade de que relações de cooperação se estabeleçam entre família e escola a fim de conferir ao estudante o protagonismo que lhe é de direito nesse processo.

Dada a intensa difusão do discurso que relaciona o aproveitamento escolar à conquista de melhores condições sociais, aumentando a responsabilidade da família pelo sucesso dos filhos nos estudos; bem como a forma consensual e mecânica como o dever de casa tem sido entendido e adotado no âmbito das instituições (escolar e familiar), faz-se premente elencar aspectos que precisam ser analisados, sob a pena de perpetuarmos uma prática muito mais pelo ritual formalizado e inquestionável que representa do que em decorrência de necessidades oriundas de um trabalho pedagógico planejado e desenvolvido com os estudantes e em favor de suas aprendizagens. Partiremos do cerne da questão, ou seja, da interação família-escola e suas complexas e diversificadas relações com o dever de casa.

Estender as tarefas escolares ao lar possibilita aos pais conhecerem e avaliarem o conteúdo curricular ensinado, a forma e o ritmo como está sendo trabalhado e o desempenho do filho em relação à aprendizagem. Tudo isso poderia ser um aspecto altamente positivo caso não fosse – como acontece frequentemente – permeado de dúvidas, descrenças e discordâncias nem sempre explicitadas ou discutidas. O habitual entendimento de que a escola pertence ao governo ou, no máximo, aos profissionais que nela atuam (Mendonça 2000) termina por imprimir nas famílias sentimentos de inferioridade e incompetência diante de seus saberes, inibindo-as quanto à livre expressão de suas percepções e dificultando o diálogo.

A contrapartida também é real. Por meio dos deveres de casa, os professores se veem em condições de julgar o grau de dedicação e disposição dos pais para auxiliar e acompanhar o estudo dos filhos. É uma tarefa geralmente concebida como responsabilidade do grupo familiar e indicativa do valor que esse grupo atribui à escola e aos conhecimentos acessíveis por meio dela. É comum serem tomados por negligentes os pais que "permitem" que os filhos deixem de fazer ou façam com incorreções os deveres de casa.

Prevalece aí um "diálogo entre surdos" (Henriques 2006, p. 222), em que cada segmento tem sua esfera de ação e avaliação. Práticas dissociadas de reflexões conjuntas se mostram pouco profícuas, uma vez que dificultam, se não impedem, o estabelecimento de acordos e a tomada de decisões que promovam o sentimento de pertencimento dos estudantes e de sua família em relação ao objeto; nesse caso, os deveres de casa. A parceria com as famílias – incluindo os estudantes – deve passar não só pela decisão quanto à adoção ou não do dever de casa, mas também por seu planejamento e sua avaliação. De nada adianta decidir coletivamente pelo uso do dever de casa se os demais encaminhamentos (quantidade, frequência, necessidade de ajuda dos pais etc.) ficarem somente a cargo do professor. Posicionamentos individualizados persistirão, alimentando o embate entre escola e família e extinguindo a parceria inicialmente firmada. Avaliações periódicas devem acontecer, a fim de que as ações possam

4. O termo "família" será aqui utilizado para designar o núcleo domiciliar do estudante, independentemente do grau de parentesco das pessoas que o compõem.

ser revistas, redirecionadas ou mesmo extintas. O importante é que as análises estejam voltadas ao intento de assegurar a todos os estudantes o inalienável direito de aprender.

Esse entendimento acerca do dever de casa deve ser explicitado no projeto político-pedagógico da escola, evitando, assim, que cada professor adote critérios específicos. Isso não quer dizer que o dever de casa deva ser normatizado ou burocratizado, mas que haja uma organização norteadora dessa prática, tornando-a compreensível a todos, inclusive a estudantes e pais. "Nada mais inseguro para estudantes e pais do que ter de supor quais são as exigências de cada professor. Quando isso acontece, a escola demonstra não ter um rumo a seguir" (Villas Boas e Soares 2013, p. 52).

Vale aqui destacar as mudanças ocorridas nas últimas décadas nos sistemas educacionais, alterando o perfil dos estudantes que hoje se encontram nas escolas públicas. Durante muito tempo, o acesso à educação escolarizada foi privilégio da classe burguesa. A ampliação de vagas nas escolas ocorreu somente após a Segunda Guerra Mundial, em decorrência de mudanças no processo produtivo associadas ao acelerado desenvolvimento tecnológico, o que ocasionou uma grande expansão de oferta de emprego e a exigência de mão de obra cada vez mais qualificada.

A democratização do acesso ao ensino público intensificou-se na década de 1990. Parte significativa dos brasileiros que hoje se encontram nas escolas é composta por aqueles que só recentemente puderam nela ingressar, ou seja, por estudantes oriundos das classes populares. Isso significa que a heterogeneidade que caracteriza nossos estudantes se intensificou diante da variedade de meios econômicos e culturais aos quais eles pertencem. Esse dado nos remete diretamente a práticas instauradas nas escolas que resistem ao tempo, a despeito das mudanças contextuais que marcam os diferentes períodos, como é o caso do dever de casa. Desconsiderar a grande diversidade de meios familiares que os estudantes integram e, em consequência, as diferentes possibilidades de realização do dever de casa, pode induzir a condutas que, mesmo quando bem-intencionadas, discriminam aqueles que destoam do ritmo e da forma de aprender estabelecida e esperada pela escola, potencializando suas diferenças em relação aos que, de algum modo, se ajustam às regras.

Premiar e/ou punir estudantes pela realização ou não dos deveres de casa ilustra bem o caráter meritocrático que o uso do dever de casa pode assumir. A tentativa de estimular a realização de tarefas de casa por meio de recompensas ou castigos – uma das facetas da meritocracia – tende a acentuar práticas individualistas e competitivas em um campo desigual de oportunidades, reforçando as desigualdades naturais de aprendizagens existentes entre os estudantes. Na maior parte dos casos, seriam premiados aqueles já privilegiados por suas condições domiciliares favoráveis ao estudo, da mesma forma que os desprovidos dessa possibilidade estariam sendo duplamente penalizados.

A classificação e/ou seleção de estudantes visando destacá-los positiva ou negativamente provêm de avaliações homogeneizadas cujos resultados desconsideram o processo ou o contexto de sua produção. As justificativas para tal feito se sustentam na crença em que o sucesso se deve unicamente aos esforços empreendidos pelos estudantes e suas famílias, transformando disfunções de ordem social e educacional em questões individuais de capacidade ou empenho. Esse entendimento tem desobrigado a escola do compromisso de buscar alternativas para o cumprimento de seu papel social de ensinar. Os recorrentes apelos dos professores no sentido de obterem ajuda dos pais para a realização das lições de casa, bem como suas constantes queixas quando essas solicitações não são atendidas evidenciam que, para ensinar, a escola conta com um auxílio acadêmico familiar nem sempre acessível em função de suas diferentes configurações. Indicam, portanto, indiferença quanto às disparidades e, consequentemente, sua potencialização.

Inserido na lógica da avaliação formativa, o dever de casa é compreendido como parte do trabalho pedagógico desenvolvido em sala de aula e deve estar a serviço das aprendizagens de todos. Isso implica a necessidade de se estabelecerem propósitos claros – após serem discutidos com professores, pais e estudantes – a ser cumpridos por toda a escola e de serem selecionadas tarefas significativas e convidativas para os estudantes. É também importante que estes se sintam competentes para realizá-las, o que requer o uso de atividades diversificadas, de modo que atendam às diferentes condições de aprendizagem dos estudantes. Igualmente importante é a prescrição de quantidade razoável dessas atividades, ou seja, sem excessos. Vale lembrar que, quando realizadas nos lares, as atividades escolares demandam uma rotina doméstica nem sempre agradável e/ou simples de se organizar. Carvalho (2000, p. 149) confirma essa assertiva, acrescentando ser essa uma política antidemocrática quando impõe aos pais o desenvolvimento do currículo escolar e os obriga a "converterem as atividades familiares em extensões das atividades de sala de aula, em detrimento de suas próprias opções educacionais e de suas necessidades de lazer e descanso".

Na perspectiva da avaliação formativa, o dever de casa é um excelente recurso para fornecer *feedback* aos professores sobre as aprendizagens dos estudantes, possibilitando o reajuste do trabalho pedagógico e o oferecimento das intervenções necessárias (Villas Boas e Soares 2013). Para que isso ocorra, é necessário que o envolvimento dos pais se limite ao acompanhamento e ao incentivo aos filhos. A tarefa de ensinar o estudante cabe ao professor. Ao atribuí-la ao pai ou a qualquer outra pessoa, o professor está delegando sua função a terceiros, independentemente da profissão que exerça, contribuindo, com isso, para negar seu *status* profissional e seu saber especializado (Carvalho 2006, p. 97).

A valorização do trabalho do professor passa ainda e, de modo especial, por oportunidades de formação. Observa-se que muitas práticas, hoje reproduzidas inadvertidamente no âmbito das escolas, carecem de estudos, análises e reflexões. Acontece com a avaliação, contribuindo para torná-la uma das categorias do trabalho pedagógico mais refratárias a mudanças (Sordi 2010, p. 25). Ocorre com o dever de casa, como denota a percepção da professora, apresentada no início deste texto, que desvela sua perplexidade ao se ver impelida a se posicionar perante o uso frequente do dever de casa em sua sala de aula. Tudo isso nos leva a supor que a formação inicial e continuada dos professores não tem reservado espaço para discussões fundamentais para maior e melhor desenvolvimento do trabalho escolar. Padilha (2005, p. 7) constata ser "impressionante que o dever de casa – uma prática diária de todos os professores de todos os níveis escolares – mereça tão pouca atenção na formação docente e nas pesquisas acadêmicas".

Não há conhecimento da inclusão do tema "dever de casa" nos programas dos cursos de formação inicial de educadores. Essa ausência é também percebida nos espaços de formação continuada ou em serviço. Nem mesmo os momentos de coordenação pedagógica costumam ser destinados a discussões e estudos sobre o tema. Fernandes Silva (2007, p. 133) adverte que questões desse tipo

> devem ser refletidas pelo coletivo de professores no espaço concreto de coordenação pedagógica com vistas à superação de um trabalho pedagógico pautado em concepções e práticas reiterativas, vislumbrando a construção de um projeto que contribua de fato para a organização e transformação do trabalho escolar, repercutindo na qualidade da educação pública.

O tratamento comumente dado ao dever de casa como assunto periférico e de menor importância pode estar induzindo à adoção compulsória dessa prática pelas escolas, bem como à sua aceitação pacífica pelas famílias. Assim como os cursos de formação inicial e continuada, as coordenações pedagógicas das escolas devem incluir o tratamento de questões que visam à melhoria da qualidade do trabalho pedagógico. Nesse sentido, reflexões críticas sobre práticas que integram o cotidiano da escola, como é o caso das tarefas de casa, se mostram urgentes.

Afinal, qual o lugar ocupado pelo dever de casa? Por ser uma das práticas mais tradicionais da escola, não há como negar que essas tarefas ocupam papel de destaque na organização do trabalho pedagógico da maioria das salas de aula. No entanto, a resistência ao tempo e o recorrente uso dos deveres de casa nem sempre se justificam pelas aprendizagens conquistadas por seu intermédio, objetivo precípuo da escola. Reverter esse quadro implica mudar o jeito de a escola lidar com práticas que, pela obviedade que aparentam, são maquinalmente incorporadas, mantendo-se alheias a questionamentos e discussões a seu respeito.

Se bem conduzido, o dever de casa pode contribuir para a formação de cidadãos autônomos e capazes de participar com criticidade de seu meio social. No entanto, esse é um processo que extrapola atitudes ingênuas de adesão a discursos que ecoam como verdades absolutas e passa necessariamente por reflexões que possibilitem compreender suas reais possibilidades e, em consequência, decidir sobre sua adoção ou não. No caso de seguir sendo utilizado, é preciso repensar em que bases deve ser feito.

Referências bibliográficas

CARVALHO, M.E.P. de (2000). "Relações entre família e escola e suas implicações de gênero". *Cadernos de Pesquisa*, n. 10, jul. São Paulo, pp. 3-155.

________ (2006). "O dever de casa como política educacional e objecto de pesquisa". *Revista Lusófona de Educação*, n. 8, pp. 85-102.

FERNANDES SILVA, E. (2007). "A coordenação pedagógica como espaço de organização do trabalho escolar: O que temos e o que queremos". *In*: VEIGA, I.P.A. (org.). *Quem sabe faz a hora de construir o projeto político-pedagógico.* Campinas: Papirus, pp. 131-152.

HENRIQUES, M.E. de F. (2006). "Os trabalhos de casa na escola do 1º ciclo da luz: Estudo de caso". *Interacções*, n. 2, pp. 220-243. [Disponível na internet: http://repositorio.ipsantarem.pt/bitstream/10400.15/212/1/B10(1).pdf, acesso em 10/9/2010.]

MENDONÇA, E.F. (2000). *A regra e o jogo: Democracia e patriotismo na educação brasileira.* Porto Alegre: Artmed.

NOGUEIRA, M.G. (2002). *Tarefa de casa: Uma violência consentida?*. São Paulo: Loyola.

PADILHA, H. (2005). "Reflexões sobre o dever de casa". *)per)cursos*, ano 1, n. 1. Laboratório de Estudos sobre Mudanças na Escola – Leme, fev., pp. 7-9.

PERRENOUD, P. (1995). *Ofício de aluno e sentido do trabalho escolar.* Trad. Júlia Ferreira. Porto: Porto Ed.

SORDI, M.R.L. de (2010). "Por uma aprendizagem 'maiúscula' da avaliação da aprendizagem". *In*: DALBEN, A.I.L. de F. *et al.* (orgs.). *Convergências e tensões no campo da formação e do trabalho docente.* Textos selecionados do XV Endipe. Belo Horizonte: Autêntica, pp. 22-35. (Didática e Prática de Ensino)

VATTEROTT, C. (2010). "Five hallmarks of good homework". *Educational Leadership*, set. Alexandria.

VILLAS BOAS, B.M. de F. e SOARES, E.R.M. (2013). *Dever de casa e avaliação.* Araraquara: Junqueira & Marin.

14
COMPORTAMENTO: CABE AVALIÁ-LO?

Enílvia Rocha Morato Soares

Diferentes argumentos em defesa de uma prática avaliativa formativa vêm, nas últimas décadas, sendo apresentados em grande parte dos trabalhos científicos que se ocupam dessa temática (Esteban 1999; Perrenoud 1999; Méndez 2002; Fernandes 2009; Villas Boas 2008; Freitas *et al.* 2009; Luckesi 2011, entre outros), bem como em documentos orientadores do trabalho pedagógico das escolas públicas e privadas do Brasil e do mundo. Essa crescente difusão parece ter ecoado entre os professores, induzindo os principais responsáveis pela avaliação escolar a se autodeclararem partidários desse modo de avaliar e a buscarem, de diferentes formas, praticá-lo.

O pretenso objetivo de ampla expansão da prática avaliativa formativa parece, assim, ter sido alcançado. No entanto, as supostas linearidade e harmonia existentes entre a avaliação defendida e a praticada se limitam em grande medida à sua aparência. Trata-se de um movimento permeado de contradições que reduzem, se não extirpam, da avaliação sua potencialidade formativa.

Condições objetivas e subjetivas que marcaram, e ainda marcam, as realidades sob as quais são constituídas as bases formativas de grande parte dos professores podem ser apontadas como importante fator indutor de incompreensões que desfiguram a avaliação, comprometendo seu propósito formativo. Pautada pela racionalidade neoliberal, que elege o mérito para explicar o fracasso, atribuindo-o à falta de esforço e/ou à incapacidade e à seleção como meio de manter inalteradas as atuais e desiguais relações sociais, a avaliação vivenciada pela maioria dos educadores ao longo de sua formação acaba influenciando investidas que, mesmo movidas pelo desejo de renovação, não rompem com estruturas classificatórias e excludentes.

Avaliar segmentando o que se considera "cognitivo" e "formativo" constitui prática que exemplifica o anseio de atender a pressões exteriores e interiores que apontam para a premência de uma prática avaliativa formativa, porém limitada por entendimentos capazes de manter o poder seletivo da avaliação.

Operando nessa lógica, muitos professores reservam parte da nota, do conceito ou da menção a aspectos de natureza comportamental (participação, frequência, pontualidade, entre outros), por acreditarem que, ao contemplarem aspectos que extrapolam a cognição, estão avaliando formativamente.

É certo dizer que a avaliação não se restringe a aspectos cognitivos, uma vez que a educação escolar almejada consiste na formação integral e multidimensional dos sujeitos. É certo dizer ainda que os aspectos comportamentais são avaliados, uma vez que, positiva ou negativamente, incidem sobre essa formação. No entanto, ao avaliar fracionando as dimensões intelectual e comportamental, os professores tendem a cometer equívocos como o privilégio de um aspecto sobre o outro e/ou gerar confusão entre eles, fazendo crer que o "bom comportamento" é capaz de compensar a não aprendizagem ou ainda que, mesmo aprendendo, o "malcomportado" deve ter seus resultados subtraídos. Compreender que a relação entre aprendizagem e comportamento é dialética e, portanto, de interação e articulação, constituindo um todo integrado e impossível de ser segmentado, é fundamental para que a avaliação se ocupe de favorecer aprendizagens, contando, para isso, com comportamentos que auxiliem esse processo. Todavia, que comportamentos seriam esses? A avaliação pode servir a esse propósito? De que modo?

Certamente não é por meio da punição. Em entrevista ao Centro de Referências em Educação Integral,[1] Áurea Maria Guimarães, autora do livro *Vigilância, punição e depredação escolar* (Guimarães 1985), alude ao uso da avaliação como meio de produzir comportamentos homogêneos, utilizando-se, para isso, de normas prévias e unilateralmente estabelecidas para serem seguidas sob ameaça de penalização. Seja por meio da diminuição de notas, conceitos ou menções, seja por meio da exposição dos estudantes, comparando-os e/ou hierarquizando-os, a avaliação escolar constitui mecanismo punitivo capaz de conduzir estudantes ao normativo universalizado.

Além dos modelos comportamentais clássicos que precisam/devem ser seguidos pelos estudantes a fim de facilitar sua coexistência pacífica no espaço escolar, Guimarães alerta, em sua entrevista, para as "regras dos efeitos colaterais", ou seja, os desdobramentos da punição sobre os que não cometeram a falta, como forma de exemplificar comportamentos que precisam e/ou devem ser evitados. O controle, a disciplina, o adestramento e a docilidade de corpos e mentes (Foucault 2014) estariam, desse modo, alcançando patamares capazes de evitar a propagação de condutas desviantes das normas vigentes.

A simples ameaça da extensão da punição aos não infratores é capaz de conduzi-los ainda à delação, que, assim, adquire *status* de mérito pela contribuição que oferece à retomada da normalidade consensual e acrítica. O sistema de gratificação-sanção que se percebe em situações dessa natureza tende a colocar a avaliação a serviço da recompensa ou da penalização dos estudantes, dependendo do modo como estes cumprem seu ofício (Perrenoud 1995), distanciando-a de seu papel de auxiliar a conquista dos saberes que conferem aos sujeitos a condição de pensar e agir autonomamente.

O exercício do ofício de aluno (*ibidem*) constitui, assim, uma preparação do cidadão que se insere pacificamente no meio social, aceitando o que está posto como uma fatalidade contra a qual não se deve lutar, uma vez que se opor a ela constitui rebeldia passível de punição e exclusão. Os riscos representados por comportamentos que fogem aos padrões considerados normais – porque ameaçam reverter estruturas supostamente consolidadas – induzem ao uso da avaliação coativa e punitiva daqueles

1. Entrevista intitulada "Como a punição está presente nas escolas de hoje?", concedida ao Centro de Referências em Educação Integral e publicada pela jornalista Ingrid Matuoka em 20/6/2017. [Disponível na internet: http://educacaointegral.org.br/reportagens/como-a-punicao-presente-escolas-hoje/, acesso em 21/6/2017.]

que ousam investir nesse sentido. A avaliação assim desenvolvida na e pela escola contribui para a formação de sujeitos subservientes, adequando comportamentos para viver em conformidade com o atual, parcial e injusto modelo social.

A tentativa de modelar comportamentos por meio de recursos meritocráticos assenta-se no ideal neoliberal de responsabilização individual que incide sobre o ato educativo, influenciando-o fortemente. Ao atribuir aos estudantes a responsabilidade única de responder por seus atos, o professor se exime do compromisso de rever e redirecionar suas práticas, uma vez que dependeria somente do estudante, e no máximo de sua família, modificar seus comportamentos, ajustando-se ao esperado pela escola. O comportamento assim se dissocia, mais uma vez, das aprendizagens promovidas por meio do trabalho pedagógico, incluindo a avaliação que o integra. Como ser um "bom aluno" ou "bem-comportado" diante de aulas por vezes cansativas, desinteressantes, cujos conteúdos trabalhados não parecem ter o menor sentido?

Isso implica dizer que avaliar comportamentos demanda processos autoavaliativos. Quando não refletida, a disciplina se constrói sobre bases débeis, tornando-se, por isso, aparente, artificializada e propensa a voltar ao "normal" ou à indisciplina em situações nas quais a vigilância se mostrar menos ostensiva. É muito comum estudantes serem flagrados ou descobertos em atos que violam as regras impostas, mesmo após terem sido punidos. Pressupõe-se, então, que a punição por si só não induz necessariamente a mudanças comportamentais, requerendo processos de autoavaliação de todos os envolvidos no ato educativo.

A autoanálise do comportamento constitui processo que antecede a prática de atos considerados incorretos. Definir comportamentos que podem contribuir para que aprendizagens sejam construídas deve envolver professores e demais profissionais da escola, estudantes e familiares, uma vez que o comportamento de todos eles influencia esse processo. Discussões dessa natureza contribuem ainda para evitar que cada professor ou profissional que atua no âmbito da escola aja em consonância com princípios e valores próprios, deixando aos estudantes e seus familiares a obrigação de se adequarem às suas intenções. Não se trata de engessar e/ou burocratizar normas para unificar condutas, mas de democratizar reflexões, tornando acessíveis entendimentos que possibilitem nortear a adoção consciente de comportamentos que favoreçam a conquista de aprendizagens. Avaliações e autoavaliações das decisões que, conjuntamente, forem tomadas devem ser constantes para que possam ser revisadas e/ou realinhadas sempre que necessário.

Esse é um processo, antes de tudo, formativo. Romper com dogmas que perduram desde meados do século XIX, quando a proposta de ensino simultâneo[2] se instaurou no Brasil, exige a revisão de concepções histórica e socialmente constituídas e, por isso, muito comumente naturalizadas no âmbito das escolas. Essa sistemática de ensino "centrado na ação do professor e na atenção simultânea dos alunos" (Silva 2008, p. 28) se erigiu diante da necessidade de atender a uma maior quantidade de estudantes em menor espaço de tempo, visando suprir demandas do mercado de trabalho. A organização da escola em classes com muitos estudantes demandou a necessidade de controle de comportamentos, visando não só à manutenção da ordem escolar, mas também social. A escolarização expressa, assim, o paradoxo de constituir agente de transformação ao mesmo tempo em que reproduz a estratificação social por meio, entre outros aspectos, da subjugação e do domínio de condutas (Leme 2007). A avaliação

2. Modalidade de ensino que substituiu o ensino individual, vigente até o final do século XVIII (Silva 2008, p. 26).

assume importante papel nesse contexto, podendo contribuir tanto em uma como em outra direção. Se canalizadas no sentido formativo, as aprendizagens por ela favorecidas podem ser decisivas para a formação de sujeitos críticos das injustiças que regem as relações sociais e suficientemente autônomos para que possam atuar visando modificar essa realidade.

Se mantida na perspectiva da manipulação de comportamentos para a obediência servil, a avaliação incorre no risco de eternizar o rótulo de "bem-comportado" ao estudante pacífico que não se levanta ou não se incomoda com questionamentos e/ou conversas, cumprindo passivamente tudo o que lhe é solicitado. Sabe-se, no entanto, que esse perfil não corresponde necessariamente ao aluno que mais aprende. Não é incomum encontrarmos estudantes inquietos, questionadores e até mesmo rebeldes que aprendem com grande desenvoltura. A forte subjetividade presente na relação comportamento-aprendizagem faz ruir receituários de boas condutas, ao mesmo tempo em que põe em relevo a necessidade de constantes reflexões diante das diferentes realidades que se apresentam a cada tempo e espaço.

Considerando a predominância da organização das escolas em classes geralmente numerosas bem como a impossibilidade de destacar o comportamento estudantil dos demais aspectos que concorrem para a integralidade da formação humana para avaliá-lo ou deixar de avaliá-lo, processos autoavaliativos reflexivos que permitam o (re)pensar constante de atitudes e procedimentos indicam ser uma valiosa alternativa para a busca de comportamentos compatíveis com a construção de conhecimentos. Trata-se de um diálogo que deve ser permanente, pautado por relações éticas, respeitosas e afetivas entre todos os envolvidos, para que critérios comportamentais sejam estabelecidos e sistematicamente (auto)avaliados, visando ao avanço permanente das aprendizagens de todos. É a avaliação formativa em ação.

Referências bibliográficas

ESTEBAN, M.T. (1999). "A avaliação no cotidiano escolar". *In*: ESTEBAN, M.T. (org.). *Avaliação: Uma prática em busca de novos sentidos.* Rio de Janeiro: DP&A, pp. 7-28.

FERNANDES, D. (2009). *Avaliar para aprender: Fundamentos, práticas e políticas.* São Paulo: Ed. da Unesp.

FOUCAULT, M. (2014). *Vigiar e punir: Nascimento da prisão.* Petrópolis: Vozes.

FREITAS, L.C. *et al.* (2009). *Avaliação educacional: Caminhando pela contramão.* Petrópolis: Vozes.

GUIMARÃES, A.M. (1985). *Vigilância, punição e depredação escolar.* Campinas: Papirus.

LEME, J.A.G. (2007). "A cela de aula: Tirando a pena com letras". *In*: ONOFRE, E.M.C. (org.). *Educação escolar entre as grades.* São Carlos: EdUFSCar.

LUCKESI, C.C. (2011). *Avaliação da aprendizagem: Componente do ato pedagógico.* São Paulo: Cortez.

MÉNDEZ, J.M.A. (2002). *Avaliar para conhecer: Examinar para excluir.* Trad. Magda Schwartzhaupt Chaves. Porto Alegre: Artmed.

PERRENOUD, P. (1995). *Ofício de aluno e sentido do trabalho escolar.* Trad. Júlia Ferreira. Porto: Porto Ed.

________ (1999). *Avaliação: Da excelência à regulação das aprendizagens. Entre duas lógicas.* Porto Alegre: Artmed.

SILVA, E.F. (2008). "A aula no contexto histórico". *In*: VEIGA, I.P.A. (org.). *Aula: Gênese, dimensões, princípios e práticas.* Campinas: Papirus.

VILLAS BOAS, B.M. de F. (2008). *Virando a escola do avesso por meio da avaliação.* Campinas: Papirus.

15
PAIS/RESPONSÁVEIS: COPARTÍCIPES DO PROCESSO AVALIATIVO

Rose Meire da Silva e Oliveira

Como espaço democrático e político de emancipação humana, a escola pública deve se preocupar com o desenvolvimento de ações que possibilitem o envolvimento de toda a comunidade local na organização e no desenvolvimento do trabalho pedagógico. Essa prática impõe a necessidade de espaços dialógicos pautados pelo princípio da coletividade, assegurando que toda a comunidade escolar, em especial as famílias dos estudantes, se percebam participantes do processo educativo e formativo dos filhos.

Logo, podemos indagar: como fomentar a ideia de pertencimento dos pais/responsáveis nas ações propostas pela escola? Buscar estratégias de inclusão requer, antes de tudo, conhecê-los. Inteirar-se do perfil socioeconômico e cultural das famílias, perceber suas potencialidades, suas expectativas, seus anseios, suas incertezas em relação ao trabalho pedagógico e à aprendizagem dos estudantes. Essas informações possibilitam saber melhor o que podemos oferecer aos que buscam uma educação de qualidade para seus filhos.

Outro aspecto não menos importante é a oportunidade de os pais/responsáveis colaborarem na construção do projeto político-pedagógico da escola, adquirindo condições reais de contribuírem para o alcance das metas e dos objetivos e para o desenvolvimento de projetos previstos. A equipe gestora exerce papel relevante para o cumprimento, pela escola, de sua função social, assegurando que os pais se sintam corresponsáveis e colaboradores pelo êxito do trabalho escolar, participando das tomadas de decisão. Em consonância com Pereira (2009, p. 195),

> acreditamos que não basta anunciar formalmente a participação de todos no planejamento, organização e funcionamento da escola: é necessária a garantia de condições que propiciem essa participação. Sendo assim, não basta integrar os estudantes, famílias e funcionários sem dar as condições para se expressarem, sem criar as possibilidades concretas para se sentirem parte da instituição, do processo de reflexão, bem como da tomada de decisão.

Cabe esclarecer que o termo "participar", aqui defendido, se caracteriza como "ação de integrar-se a um grupo; a um coletivo de pessoas que está envolvido num projeto, comprometido com o seu desenvolvimento" (Mendes, Sordi e Molina 2017) que, nesse caso, diz respeito à formação humana. Isso inclui relação dialógica, escuta sensível, direito à fala, tomada de decisão, respeito às ideias divergentes, partilha de opiniões e percepções, conhecimento coletivo e, principalmente, protagonismo social.

Quando processos reflexivos democráticos são assegurados no cotidiano escolar, relações interpessoais saudáveis são constituídas, impelindo o sentimento de pertencimento das famílias ao projeto pedagógico da instituição e, em decorrência, seu efetivo envolvimento em ações consistentes que venham favorecer as aprendizagens dos estudantes, beneficiando-se também delas.

A respeito das relações estabelecidas entre os sujeitos no espaço pedagógico, Freire (1996, p. 105) afirma que "no fundo, o essencial nas relações entre educador e educando, entre autoridade e liberdades, entre pais, mães, filhos e filhas é a reinvenção do ser humano no aprendizado de sua autonomia". Assim sendo, a escola contribui para esse fim quando proporciona aos pais/responsáveis "qualidades que vão sendo constituídas na prática democrática de escutar" (*ibidem*, p. 135) e o conhecimento necessário para compreenderem os processos que envolvem as aprendizagens dos filhos/dependentes.

Exercer a autonomia pressupõe, portanto, condições concretas de participação das famílias no espaço escolar para nela intervir ou para modificá-la se preciso, assumindo responsabilidades como sujeitos sociais que almejam que seus filhos aprendam e se tornem pessoas dignas, éticas e emancipadas. Contudo, a inserção dos pais/responsáveis no ambiente escolar dependerá não somente da organização do trabalho pedagógico interno, desenvolvido ao longo do ano letivo, como também do envolvimento no planejamento de encontros/reuniões, sendo possível tratar de temas antes negligenciados e que são de interesse da família, referentes ao processo de ensino e aprendizagem e, especialmente, avaliativo.

Garantir o envolvimento ativo da família na ação educativa requer romper com a ideia de incapacidade de os pais/responsáveis tomarem decisões devido às suas condições objetivas de existência – que, muitas vezes, os impedem de participar das atividades desenvolvidas pela escola –, ou à falta de conhecimento pedagógico necessário para se manifestarem. Rupturas dessa natureza constituem importantes contributos para a superação das "formas tradicionais e excludentes, calcadas na lógica da submissão e da passividade dos sujeitos" (Pereira 2009, p. 197), investindo-os de empoderamento, voz ativa, iniciativa, consciência e capacidade de lutar por seus direitos e os de seus filhos/dependentes.

Práticas democráticas consistentes compreendem ambiente de aprendizagem humanizado, no qual as relações dialógicas não são verticalizadas e os sujeitos sociais são considerados em suas singularidades e suas potencialidades. Conflitos e divergências são discutidos e transformados em possibilidades de melhoria para a organização do trabalho pedagógico.

Acessar as experiências e os saberes dos pais/responsáveis, dando-lhes "vez" e "voz", supõe repensar as reuniões realizadas pelas equipes gestora e pedagógica, transformando-as em encontros agradáveis e oportunos para discutir e elucidar questões referentes à organização do trabalho pedagógico, em especial à avaliação, levando-se em conta seus níveis (avaliação para as aprendizagens, institucional e em larga escala), suas funções (formativa, diagnóstica e somativa), seus critérios e seus procedimentos e, sobretudo, sua intencionalidade. A sistematização de momentos como esses e de avaliação institucional bem planejados e profícuos tende a potencializar a participação da família no acompanhamento do desempenho escolar dos filhos.

É importante que a escola, desde o início do ano letivo, esclareça aos pais/responsáveis a concepção/organização do ensino que embasa o percurso escolar e que eles compreendam como é avaliada a aprendizagem dos estudantes. Essa pode ser uma iniciativa capaz de impulsionar outras estratégias viabilizadoras da atuação efetiva da família na formação escolar dos filhos.

Os princípios que fundamentam as práticas avaliativas adotadas pelos sistemas de ensino também precisam ser discutidos para que os pais/responsáveis compreendam e acompanhem a trajetória escolar dos estudantes e a compartilhem. Para isso, perguntas instigantes podem ser lançadas, tais como: Para que avaliar? O que deve ser avaliado e quais os critérios adotados pela escola? Como são definidos os procedimentos avaliativos? O que é feito com os resultados obtidos? Como participar do processo avaliativo no âmbito institucional? Quais as condições necessárias para que ocorram as aprendizagens? Tais questões podem suscitar outras, de acordo com o interesse e a necessidade de entendimento da família.

Acreditamos que a compreensão das práticas de ensino e avaliativas pela família fortalece as relações institucionais e contribui para o compartilhamento de responsabilidades sobre a ação educativa. Por isso, é premente investir em proposições que otimizem o acompanhamento do percurso da aprendizagem dos estudantes pelos pais/responsáveis, possibilitando que esses, como agentes educativos, discutam os dados da realidade escolar oriundos dos processos avaliativos e se apropriem dessas informações. Assim, poderão atuar de forma consciente e integrada com os profissionais da educação para a garantia das aprendizagens.

Consoante o que vem sendo discutido, Sordi (2009, p. 103) afirma que

> a reflexão sobre os dados da realidade escolar, capturados pelos processos de avaliação, é que determina a possibilidade de estes produzirem sentidos e gerarem movimento. A apropriação dos dados pelos envolvidos com o processo de avaliação é que alimenta a energia transformadora da realidade e sustenta o grupo para a tomada de decisão.

Vale ressaltar que, ao longo do ano letivo, dispor de tempos e espaços dialógicos sistemáticos e organizados pela equipe gestora e pedagógica da escola possibilita aos sujeitos sociais envolvidos realizarem análise coletiva e contínua dos dados da realidade escolar (índices de aprovação, reprovação, evasão, perfil e nível sociocultural da comunidade etc.) e discutirem ações/projetos necessários para o enfrentamento dos desafios inerentes ao trabalho escolar e dos problemas que surgirem relativos à aprendizagem.

O empoderamento das famílias, possibilitado pela compreensão da avaliação como recurso promotor de aprendizagens, permitirá aos pais/responsáveis participarem de forma mais efetiva no processo avaliativo da escola, nas atividades desenvolvidas em sala de aula e, principalmente, fomentará práticas pedagógicas significativas, ratificando o entendimento de que a avaliação é um processo de construção coletiva que visa traçar ações escolares conjuntas e caminhos comprometidos com as aprendizagens de todos os sujeitos.

É nessa perspectiva que a avaliação assume caráter formativo e democrático, visto que, ao incluir os sujeitos imbricados no processo educativo, contribui para que a escola se autoavalie coletivamente e que, identificando suas limitações e fragilidades, valorize o envolvimento dos pais/responsáveis, modificando a forma de percebê-los, considerando-os grupo que pode fazer a diferença (Malavasi

2009, p. 178), sobretudo por meio de práticas capazes de superar os desafios existentes para a inclusão de toda a comunidade escolar.

A flexibilização dos horários/dias para os pais/responsáveis comparecerem à escola também pode concorrer para o efetivo envolvimento das famílias no processo avaliativo. Essa medida contribui para que o *feedback* acerca das atividades e do desempenho dos estudantes seja sistematizado, tornando-se mais assertivo. As estratégias pedagógicas, definidas pelos professores para atendimento às necessidades de cada grupo/estudante, precisam ser discutidas com os pais/responsáveis, para seu maior engajamento. Os conselhos de classe e as reuniões de pais devem ser realizados com clareza de objetivos e em formatos que valorizem a circularidade de saberes, reforcem o sentimento de pertencimento e evitem falas equivocadas imbuídas de preconceitos, julgamentos de valor e juízos entre os sujeitos envolvidos no processo.

Registros bem elaborados acerca do desempenho dos estudantes contribuem para que a família acompanhe o trabalho escolar e analise os avanços das aprendizagens, assim como as fragilidades ainda existentes. Os momentos de diálogo entre família e equipes da escola são preciosos para que isso ocorra.

A elaboração conjunta dos indicadores de qualidade do ensino constitui importante iniciativa, que, com as demais, favorece a instauração de compromissos construídos coletivamente e pactuados entre os pais/responsáveis e a escola, dando legitimidade às relações democráticas estabelecidas no interior da instituição.

Estamos, portanto, diante de um grande desafio de ação coletiva: a inserção real dos pais/responsáveis na construção, na implementação e na avaliação do projeto político-pedagógico, especialmente no que se refere ao poder de deliberação, negociação e participação de cada sujeito no processo avaliativo da instituição. Para tal, é imperativo que a escola repense práticas e paradigmas pautados na verticalização das interações que excluem sujeitos históricos e sociais capazes de entender e apropriar-se do que lhes é de direito: uma educação de qualidade. Algumas ações praticadas com naturalidade no dia a dia escolar precisam ser revistas pelos educadores, como a manutenção do distanciamento dos pais/responsáveis e dos estudantes nos processos coletivos de planejamento, reflexão e avaliação, sob o argumento de que lhes faltam condições para participarem das tomadas de decisão. Atitudes discriminatórias como essa trazem em seu âmago a impossibilidade do protagonismo da família e dos estudantes, o que é contrário ao compromisso social e humanizado que cabe à instituição pública.

A escola pública, cuja função social se caracteriza por ser emancipatória e democrática, se preocupa com as aprendizagens, o bem-estar, o desenvolvimento e a formação dos diferentes sujeitos que a compõem, inclusive dos pais/responsáveis, partícipes do processo educativo dos estudantes (Oliveira 2011). Por isso, insistimos em que a família seja parceira no enfrentamento dos desafios relativos às aprendizagens dos estudantes e nas ações propositivas para a qualificação do ensino. Sordi, Varani e Mendes (2017, p. 116) sinalizam que

> o engajamento dos sujeitos e o fortalecimento dos colegiados no interior das escolas tornam-se condição para que a comunidade escolar, em seu sentido amplo, como os únicos investidos de legitimidade para tal, não abdique do direito de ser protagonista da avaliação e do processo de qualificação da sua escola.

É relevante que os pais/responsáveis compreendam a força que possuem como agentes educativos e de transformação da realidade escolar, para a garantia do direito à aprendizagem dos filhos. Essa perspectiva de atuação pressupõe aprender a participar dos processos decisórios da escola, prática que precisa ser consolidada para qualificar o trabalho educativo.

Espaços coletivos de (auto)formação podem assessorar as famílias para que acompanhem as atividades de escolarização dos estudantes e participem delas, se posicionem com autonomia, partilhem pontos de vista, discutam temas e fatores intervenientes no processo de ensino e aprendizagem e nas práticas avaliativas. Ter os pais/responsáveis como aliados e partícipes do processo educativo dos estudantes dependerá de práticas escolares democráticas e fortalecedoras das relações de cooperação entre os segmentos escolares, de modo que todos os sujeitos sociais tenham seus valores respeitados.

Referências bibliográficas

FREIRE, P. (1996). *Pedagogia da autonomia: Saberes necessários à prática educativa*. São Paulo: Paz e Terra.

MALAVASI, M.M.S. (2009). "Avaliação institucional e gestão da escola: A participação das famílias potencializando uma educação de qualidade". *In*: SORDI, M.R.L. e SOUZA, E.S. (orgs.). *A avaliação institucional como instância mediadora da qualidade da escola pública: A rede municipal de Campinas como espaço de aprendizagem*. Campinas: Millennium.

MENDES, G.S.C.V.; SORDI, M.R.L. e MOLINA, A.S. (2017). "Em luta pela qualidade social da escola pública: #somostodosoziel?". *In*: SORDI, M.R.L.; VARANI, A. e MENDES, G.S.C.V. (orgs.). *Qualidade(s) da escola pública: Reinventando a avaliação como resistência*. Uberlândia: Navegando, pp. 221-272.

OLIVEIRA, R.M.S. (2011). "Pais/responsáveis e a avaliação das aprendizagens: Percepções e significados". Dissertação de mestrado. Brasília: UnB.

PEREIRA, M.S.F. (2009). "Participação estudantil no processo de avaliação institucional: O que aprendem/ensinam os estudantes quando participam de processos de avaliação da qualidade da escola?". *In*: SORDI, M.R.L. e SOUZA, E.S. (orgs.). *A avaliação institucional como instância mediadora da qualidade da escola pública: A rede municipal de Campinas como espaço de aprendizagem*. Campinas: Millennium.

SORDI, M.R.L. (2009). "Avaliação institucional participativa na escola: O exercício da superação dos limites do tempo e espaço". *In*: SORDI, M.R.L. e SOUZA, E.S. (orgs.). *A avaliação institucional como instância mediadora da qualidade da escola pública: A rede municipal de Campinas como espaço de aprendizagem*. Campinas: Millennium.

SORDI, M.R.L.; VARANI, A. e MENDES, G.S.C.V. (orgs.) (2017). *Qualidade(s) da escola pública: Reinventando a avaliação como resistência*. Uberlândia: Navegando.

16
"O PODER DOS QUIETOS": SUA INSERÇÃO NA SALA DE AULA

Benigna Villas Boas

O poder dos quietos é o título de um livro (Cain 2012, p. XI) em cuja apresentação a autora argumenta que a introversão não é uma doença nem um pecado social, tampouco uma falha grave na formação, mas "uma característica inata que pode render bons frutos, tanto na vida pessoal quanto na carreira profissional, não precisa ser curada, remendada ou disfarçada". Não faz diferença se uma pessoa é introvertida ou extrovertida; o importante é que suas características sejam bem aproveitadas.

Como, em sala de aula, estão presentes estudantes extrovertidos e introvertidos, torna-se necessário conhecer as características desses dois grupos, para que suas necessidades e suas capacidades sejam reconhecidas e suas aprendizagens prossigam sem percalços. A seguir, apresentam-se as contribuições de Cain.

Extrovertidos e introvertidos trabalham de forma diferente, esclarece a autora. Os primeiros tendem a terminar as tarefas rapidamente, tomam decisões em curto espaço de tempo, sentem-se confortáveis com muitas atividades ao mesmo tempo e gostam de correr riscos. Os introvertidos geralmente cumprem seus afazeres de maneira mais lenta e ponderada, fixam-se em uma tarefa por vez e têm grande poder de concentração. "São relativamente imunes às tentações da fama e da fortuna", comenta a autora. Ouvem mais do que falam e muitas vezes se exprimem melhor na escrita do que na oralidade. Costumam não gostar de conflitos. São sensíveis.

A autora argumenta que timidez e introversão são palavras geralmente usadas como sinônimos; na verdade, porém, exprimem coisas diferentes. Um introvertido pode ser eventualmente tímido, mas não necessariamente. Timidez é o medo da desaprovação social e da humilhação. Introversão é a preferência por ambientes que não sejam estimulantes demais (*ibidem*, p. 12). A timidez é dolorosa, a introversão, não. Contudo, uma pessoa pode ser tímida e introvertida. A primeira tem medo de falar, enquanto a segunda "está simplesmente superestimulada – mas para o mundo externo os dois parecem iguais" (*ibidem*).

Ao final do livro, a autora tece considerações dirigidas aos professores (*ibidem*, p. 255):

- Não pensem na introversão como algo que precisa ser curado. Se uma criança introvertida precisar de ajuda em relação a habilidades sociais, ajudem-na como fariam com outra que precisar de atenção extra nas disciplinas escolares. Valorizem essas crianças pelo que elas são.
- Estudos mostram que grande parte da população é composta por introvertidos. Quando pequenos, alguns deles agem como extrovertidos, dificultando sua identificação. Equilibrem seus métodos de ensino para atender todas as crianças da turma. Extrovertidos tendem a gostar de movimento, estímulo, trabalho colaborativo. Introvertidos preferem palestras, tempo de descanso e projetos independentes.
- Introvertidos muitas vezes têm um ou dois grandes interesses que não são necessariamente compartilhados por colegas. Elogiem essas crianças por seus interesses, encorajem-nas e ajudem-nas a encontrar amigos que pensem de forma parecida, na sala de aula e fora dela.
- Um pouco de trabalho colaborativo é benéfico para introvertidos, mas deve acontecer em pequenos grupos, pares ou trios.
- Não coloquem crianças quietas em lugares próximos às áreas de "alta interação" da sala de aula porque a tendência será não se expressarem muito. Elas se sentirão mais ameaçadas e terão dificuldade para se concentrar. Facilitem sua interação em aula, mas não insistam. "Forçar jovens altamente apreensivos a se expressarem oralmente é danoso", de acordo com McCroskey (*apud* Cain 2012, p. 255). "Isso aumentará a apreensão e reduzirá a autoestima" (*ibidem*, p. 256).

Cain (2012, p. 257) faz recomendações também aos pais, dizendo que, se eles tiverem a oportunidade de escolher a escola a ser frequentada por seus filhos, procurem aquela que, pública ou privada:

- valorize interesses independentes e enfatize a autonomia;
- conduza atividades de grupo com moderação e em grupos pequenos e cuidadosamente administrados;
- valorize a gentileza, o acolhimento, a empatia e a cidadania;
- escolha professores que pareçam entender temperamentos tímidos/sérios/introvertidos/sensíveis;
- insista em programas *antibullying*;
- enfatize cultura tolerante e realista;
- atraia colegas de mentalidade parecida, que compartilhem interesses intelectuais, artísticos ou esportivos, dependendo da preferência de seu filho.

As contribuições da autora nos motivaram a incluí-las neste livro porque, na escola de qualquer nível (da educação infantil ao ensino superior), estão presentes estudantes introvertidos e extrovertidos e talvez os "quietos", como denominados por Cain, não sejam bem compreendidos nem incluídos como merecem ser.

A organização do trabalho pedagógico da sala de aula, além de outros elementos, deve levar em conta essa diferenciação dos estudantes. Não é o caso de se separarem os introvertidos dos extrovertidos para que ambos os grupos se sintam em segurança, mas dar oportunidade para que todos se sintam confortáveis e tenham garantido seu direito de aprender. O estudante quieto pode ter ajuda para se inserir no grupo de forma tranquila, sem pressão. O extrovertido pode ser auxiliado a não querer ocupar todos os espaços e a conviver tranquilamente com todos os perfis de colegas.

A autora relata que as escolas costumam organizar as salas de aula dispondo as mesas ou carteiras em grupos, para encorajar as aprendizagens, e que pesquisas têm sugerido que a grande maioria dos professores entende que o estudante ideal é o extrovertido. E como ficam os quietos nesse contexto? Estariam sendo alvo de preconceito ou colocados à margem do trabalho escolar?

Com base nisso, entendemos que cuidados especiais precisam ser tomados em sala de aula com vistas à convivência tranquila de extrovertidos e introvertidos. Nenhum deles pode ser alvo de preconceito e de avaliação informal constrangedora. Não se admitem rótulos nem comentários que depreciem as características dos estudantes. Até mesmo o fato de os extrovertidos serem abertamente elogiados e encorajados, sem que se faça o mesmo com os introvertidos, pode ser encarado como preferência do professor pelos primeiros. Como os introvertidos geralmente falam pouco, não é comum reivindicarem o lugar que lhes cabe na escola. Tanto eles quanto a escola precisam saber que cada um tem seu valor.

O conselho de classe, por possibilitar o encontro de professores, estudantes, equipe gestora e de coordenação pedagógica e pais, tem a obrigação de tratar cuidadosa e respeitosamente de todos os estudantes, sem que se emitam juízos sobre eles. Nesses momentos, são analisados os avanços das aprendizagens e recomendam-se os caminhos a seguir. É uma instância avaliativa que congrega, acolhe, avalia e propõe encaminhamentos para o aprimoramento do trabalho de todos. Não se avalia a pessoa do estudante, mas as aprendizagens por ele alcançadas.

Concluindo o livro, Cain (2012, p. 265) sugere aos pais que têm filhos quietos que os ajudem a encarar novas situações e novas pessoas, mas que deixem que sejam eles mesmos; que se deleitem com a originalidade de sua mente; que se orgulhem da força de sua consciência e da lealdade de sua amizade.

Aos professores, a autora recomenda desfrutarem de seus "alunos gregários e participativos"; valorizarem os "tímidos, gentis, autônomos" porque são os "artistas, engenheiros e pensadores de amanhã".

Portanto, cabe a nós, professores, conhecermos cada um de nossos estudantes com o intuito de organizarmos um trabalho pedagógico em que cada qual se sinta incluído e valorizado.

Referência bibliográfica

CAIN, S. (2012). *O poder dos quietos.* Trad. Ana Carolina Bento Ribeiro. Rio de Janeiro: Agir.

17
AVALIAÇÃO EM LÍNGUAS ESTRANGEIRAS: DESATANDO ALGUNS NÓS

Isabela F. Villas Boas

Em um curso de formação continuada ministrado para professores de língua inglesa de escolas públicas do Distrito Federal, no primeiro semestre de 2015, tive a oportunidade de abordar temas relacionados à avaliação da aprendizagem em línguas. Discutimos e refletimos sobre uma série de assuntos que permeiam a avaliação, tais como a diferença entre avaliação institucional (*evaluation*) e avaliação da aprendizagem (*assessment*), a diferença entre avaliação e provas, os princípios fundamentais da avaliação e os diferentes tipos de avaliação, principalmente aqueles mais comumente utilizados no ensino de línguas. Os professores tiveram a oportunidade de analisar as práticas avaliativas de suas escolas e os instrumentos utilizados, bem como pensar sobre planos de ação para aprimorar tais práticas.

Durante nossas atividades, discussões e reflexões, pude observar uma série de concepções ora equivocadas ora incompletas acerca de vários aspectos teóricos e práticos relacionados à avaliação. Tais equívocos ou lacunas se devem, segundo meus alunos, a sua insuficiente apropriação teórica sobre o assunto avaliação, que dizem ter estudado muito pouco ou não ter estudado em seus respectivos cursos de licenciatura em letras. No entanto, tal fato não se restringe a professores de inglês e a cursos de letras, nem somente ao Brasil. Popham (2009) afirma que o tema avaliação não é suficientemente dominado por professores em geral e defende que estes desenvolvam seu letramento em avaliação para que possam desenvolver avaliações de aprendizagem efetivas e também interpretar os resultados das avaliações externas e de alto impacto.

O objetivo deste texto, portanto, é esclarecer uma série de dúvidas e confusões conceituais sobre avaliação, fornecendo exemplos práticos, baseados em minha experiência como superintendente acadêmica de uma grande escola privada de inglês e como estudiosa do tema desde meu mestrado em ensino de inglês como língua estrangeira, concluído em 1999.

Avaliação somativa e avaliação formativa versus *avaliação tradicional e avaliação autêntica, ou de desempenho (*performance assessment*)*

Segundo Black e Wiliam (1998, p. 7), a avaliação formativa engloba todas as atividades realizadas por alunos e professores que fornecem informações a serem utilizadas como *feedback* para orientar as atividades de ensino e aprendizagem. A avaliação formativa é a avaliação para a aprendizagem, enquanto a somativa é a da aprendizagem. De acordo com Coombe, Folse e Hubley (2007), provas ministradas ao final do curso para avaliar se os alunos atingiram os objetivos pretendidos fazem parte da somativa e geralmente são utilizadas para a tomada de decisões sobre quais alunos estão aptos a seguir para o nível subsequente. Contrapondo-se à somativa, a avaliação formativa tem o objetivo de utilizar os resultados para melhorar o ensino, que são empregados durante o curso e fornecem *feedback* aos alunos. É importante ressaltar que os termos "avaliação formativa" e "avaliação somativa" não se referem a instrumentos avaliativos, mas à maneira como instrumentos avaliativos são utilizados.

Já os termos "avaliação tradicional" e "avaliação autêntica", ou "avaliação de desempenho", referem-se especificamente a instrumentos avaliativos. No âmbito do ensino de línguas, os instrumentos que visam avaliar a produção autêntica do aluno em situações comunicativas que se aproximam da vida real, tais como produções orais e escritas, questões com respostas abertas e projetos, são chamados de avaliações de desempenho (*performance assessments*), por alguns autores, ou de avaliações autênticas (*authentic assessments*), como preferem outros (O'Malley e Pierce 1996).

A avaliação tradicional consiste geralmente de provas padronizadas, com tempo estipulado e questões de múltipla escolha, com itens descontextualizados e voltados para o produto (Brown e Abeywickrama 2010). No ensino de línguas estrangeiras, tais provas podem ser elaboradas pelo professor ou pelo coordenador, ou podem já fazer parte do material de apoio oferecido pelas editoras de livros didáticos.

Tendemos a considerar que toda avaliação tradicional é somativa e toda avaliação de desempenho é formativa. Embora na maioria das vezes a avaliação tradicional – geralmente feita apenas por meio de provas – seja usada de forma somativa, e a avaliação autêntica seja usada para fins formativos, isso não é regra. Um termo não define o outro. Na verdade, segundo Wren (2008), a principal diferença entre a avaliação formativa e a avaliação somativa está no objetivo da avaliação e em como os resultados serão utilizados. Por exemplo, imaginemos que um professor aplique uma prova tradicional, com questões de múltipla escolha, descontextualizadas, ao final de uma unidade de ensino e, ao analisar os resultados, opte por revisitar o conteúdo e reaplicar a prova. Podemos dizer que tal prova assumiu caráter formativo, pois foi utilizada para colher informações sobre a aprendizagem dos alunos e modificar o ensino, objetivando melhores resultados.

Em contrapartida, pensemos em um tipo de avaliação autêntica, tal como um vídeo gravado pelos alunos narrando as notícias do dia, como em um jornal. Se o professor não lhes der *feedback* durante o processo de produção do vídeo e apenas assistir ao resultado e atribuir uma nota segundo descritores de desempenho preestabelecidos, não lhes conferindo a oportunidade de refletir sobre sua atuação e de refazer o trabalho, podemos afirmar que a avaliação foi somativa, mesmo sendo um tipo de autêntica. Portanto, os termos "avaliação somativa" e "avaliação formativa" referem-se a como os instrumentos avaliativos são utilizados, e os termos "avaliação tradicional" e "avaliação autêntica", ou de desempenho, referem-se a instrumentos avaliativos.

Em um texto recente intitulado "Formative assessment: An optimistic but incomplete vision" ("Avaliação formativa: Uma visão otimista, mas incompleta"), Black (2015) sugere um casamento, em vez de um divórcio, entre as avaliações formativa e somativa. Assim como Brown e Abeywickrama (2010), ele defende que mesmo a somativa pode ter elementos formativos, principalmente por meio do diálogo interativo entre professor e alunos.

Em vez de considerarmos as avaliações somativa e formativa uma dicotomia, podemos imaginá-las como um contínuo, no qual práticas avaliativas possam estar mais próximas de um ou outro tipo, mas que não sejam totalmente somativas ou totalmente formativas. Da mesma forma, não devemos descartar as provas tradicionais, mas usá-las com outros procedimentos avaliativos, ou mesmo incluir elementos mais autênticos nas provas, com questões abertas, que podem ser respondidas de diversas formas, e suscitar o uso criativo da linguagem.

Avaliação formal e informal versus *avaliação formativa e somativa*

Outra confusão comum é estabelecer uma relação direta entre a avaliação formativa e a avaliação informal, como se fossem o mesmo conceito. A avaliação informal, segundo Brown e Abeywickrama (2010), acontece de várias formas, por meio de comentários e respostas não planejados e outros tipos de *feedback* dados em tempo real ao aluno. Costumam ser comentários como "bom trabalho", "parabéns", ou ainda "você disse '*she go*' ou '*she goes*'"? Professores avaliam os estudantes informalmente o tempo todo, sem necessariamente registrar resultados ou fazer julgamentos sobre sua competência. Outros exemplos seriam comentários feitos às margens de trabalhos escritos, orientações sobre a pronúncia ou a sugestão de uma estratégia para compensar uma dificuldade de leitura (*ibidem*, p. 6).

Avaliamos os alunos ao decidirmos para quem direcionar perguntas e em que momento da aula; se devemos insistir caso o aluno hesite, ou passar a outro aluno; se o erro cometido deve ser tratado naquele momento, porque é relacionado ao assunto ensinado, ou se pode ser ignorado etc. Tudo isso ocorre informalmente, sem registros ou sistematização de dados. A avaliação informal, quando realizada de forma positiva e não discriminatória, é praticamente formativa porque é uma avaliação que visa promover a aprendizagem, e não medi-la. No entanto, sabemos que a avaliação informal pode ser perversa e contribuir negativamente para o aprendizado dos alunos. Inadvertidamente, professores podem referir-se a alguns alunos mais do que a outros, criticar uns mais do que outros, ou até demonstrar, por meio de gestos, atos e palavras, desapreço por alunos com menos recursos, mais tímidos ou com necessidades de aprendizagem.

Já a avaliação formal inclui exercícios e outros tipos de atividades que planejamos para averiguar habilidades e conhecimentos adquiridos. Trata-se de técnicas sistemáticas e previamente planejadas para aferirmos o grau de aprendizagem do aluno (Brown e Abeywickrama 2010). As provas são um tipo de avaliação formal, mas não o único. Outros instrumentos alternativos e mais autênticos, tais como produções escritas, apresentações orais, portfólios ou projetos, também são instrumentos considerados formais, porque deles resultam dados sistematizados sobre o desempenho do aluno, mesmo que esses dados não estejam numericamente organizados, e sim por meio de descritores e níveis de desempenho. Tais instrumentos formais podem ser formativos se utilizados para dar *feedback* ao aluno durante o processo de aprendizagem e informar ao professor e aos alunos as mudanças a serem tomadas no percurso da aprendizagem. Até mesmo provas tradicionais podem ser formativas, conforme discutimos anteriormente.

Em suma, podemos dizer que toda avaliação informal, quando feita de maneira adequada, é formativa, e toda avaliação somativa é formal, mas nem toda avaliação formativa é informal e nem toda avaliação formal é necessariamente somativa.

Avaliação formativa e notas

Há uma crença por parte de alguns educadores em que as notas finais dos alunos refletem a avaliação somativa e não a formativa. Em outras palavras, instrumentos utilizados para fins formativos não podem ser contabilizados como nota. Greenstein (2010) discorda e sugere que tudo que é feito em sala de aula seja avaliado, mas que nem tudo que é avaliado seja contabilizado como nota. Sugere também que a nota reflita tanto os resultados como o progresso do aluno. O professor deve selecionar os instrumentos avaliativos que mais bem representem o verdadeiro ganho de aprendizagem do estudante. Greenstein também argumenta que computar a avaliação formativa dentro do sistema de notas, juntamente com a somativa, pode ser mais justo com alunos que apresentam dificuldades com provas mais tradicionais – instrumentos somativos mais comumente utilizados – que, se empregados sozinhos para o cômputo da nota final, podem desfavorecer esses alunos.

No caso do ensino de línguas estrangeiras, mesclar provas tradicionais com produções textuais elaboradas como um processo, com várias etapas de *feedback* antes da nota final, e com outros tipos de avaliação autêntica – como interações em sala de aula e projetos – produz um retrato mais acurado do desempenho global do aluno. A nota final, nesse caso, reflete várias dimensões da aprendizagem, e não somente o grau de sucesso em uma prova final. Não parece coerente o uso de vários instrumentos avaliativos formativos, muitos dos quais refletem mais completamente o verdadeiro grau de aprendizagem dos alunos, para em seguida considerar somente os somativos para registro de notas e decisão sobre a promoção desses estudantes.

Stoynoff (2012) admite que, no ensino de inglês como língua estrangeira, há uma tendência em conduzir a avaliação formativa de maneira preponderantemente informal e a somativa para documentar a aprendizagem do aluno. No entanto, o autor afirma que, para que as avaliações formativa e somativa sejam utilizadas de maneira efetiva para dar suporte à aprendizagem, precisam estar alinhadas conceitualmente e os professores devem integrar os resultados dos dois tipos de avaliação em um processo unificado.

Avaliação autêntica, ou de desempenho, descritores de desempenho e notas

Da mesma forma que há quem acredite que os instrumentos de avaliação formal não devam receber notas e/ou não devam entrar no cômputo das notas finais do aluno, há também a crença em que a avaliação autêntica não pode resultar em notas. Afinal, como dar uma nota a um projeto elaborado em várias etapas e com *feedback* contínuo do professor? De acordo com Popham (2009), um erro comum em avaliação de produções autênticas dos alunos está na falta de consistência. A maneira recomendada de avaliar esse tipo de produção é por meio de descritores que estabeleçam os critérios de desempenho. Sem critérios ou padrões de desempenho, as atividades tornam-se meras coletâneas de atividades pedagógicas (O'Malley e Pierce 1996).

É fundamental que o aluno já conheça esses descritores antes do início do projeto, da redação, da apresentação oral, da elaboração do vídeo etc. Embora já existam descritores de desempenho prontos para uso de professores de inglês para avaliação de produção oral e escrita, em vários níveis e situações, o ideal é que o professor elabore os descritores para a tarefa específica a ser desempenhada. Se os objetivos de aprendizagem estão claros, torna-se também fácil desenvolver os descritores. Basta listar os padrões de desempenho esperados nos quesitos escolhidos. Em ensino de línguas estrangeiras, tais quesitos costumam ser fluência, uso da linguagem, vocabulário e pronúncia para as atividades orais; e conteúdo, organização de ideias, gramática, vocabulário e pontuação para as escritas. No caso de um projeto que engloba tanto atividades orais quanto escritas, os descritores devem refletir o que se espera do aluno nessas duas habilidades, bem como seu envolvimento com o grupo. No caso de produções feitas em várias etapas, há que se considerar também o progresso do aluno no decorrer da atividade.

Devemos evitar palavras que contenham juízo de valor sobre o aluno. Em vez de considerar o nível máximo de desempenho "excelente" e o mínimo "insatisfatório", o mais adequado é usar termos como "atingiu o objetivo integralmente", "atingiu o objetivo quase integralmente", "atingiu o objetivo parcialmente" e "não atingiu o objetivo". Esses descritores podem conter somente conceitos, dependendo do paradigma avaliativo adotado pela instituição, ou podem resultar em uma nota numérica, com pontos distribuídos entre os critérios ou padrões de desempenho, atribuindo mais pontos para os critérios principais e globais, como conteúdo e uso da linguagem, e menos para os periféricos, tais como pronúncia e ortografia.

Outra decisão importante na elaboração de descritores de desempenho é se devemos incluir atributos ou critérios relacionados a elementos estéticos dos textos ou projetos, no caso de produções escritas, ou aqueles relacionados a habilidades de comunicação, tais como postura e contato visual com o público, no caso de apresentações orais. A resposta é simples: só podem ser considerados critérios de desempenho aspectos diretamente ligados aos objetivos de aprendizagem daquele trabalho e ensinados em aula. Se o professor abordou o assunto postura e contato visual com o público e deu aos alunos os subsídios necessários para desenvolverem essa competência, nada mais natural do que avaliá-la também. Infelizmente o que ocorre mais comumente é a inclusão de atributos que não foram trabalhados em sala de aula, mas que esperamos que os alunos desenvolvam espontaneamente. No caso de aprendizagem de línguas, esse tema se torna ainda mais polêmico e complicado, pois temos que saber diferenciar os atributos inerentes à aprendizagem daquela língua estrangeira e aqueles mais relacionados à personalidade e ao estilo de comunicação do aluno.

Provas

Conforme proposto anteriormente, é necessário que abandonemos práticas preponderantemente somativas de avaliação e caminhemos em direção a práticas mais formativas. Para isso, devemos adotar instrumentos variados de avaliação, não somente provas tradicionais. No entanto, nem sempre é possível ou mesmo necessário abandonarmos completamente as provas. Se bem elaboradas e utilizadas para fins formativos, e não somente somativos, podem também se tornar instrumentos de avaliação efetivos.

A questão é que, como provas são consideradas um instrumento tradicional de avaliação, adotamos também práticas tradicionais, ou até ultrapassadas, para a elaboração de provas em línguas estrangeiras. No intuito de tornarmos nossas provas mais atuais e autênticas, podemos seguir alguns princípios básicos.

O primeiro e mais importante é que a prova esteja alinhada com os objetivos de aprendizagem e o trabalho pedagógico em sala de aula. Se, em aula, utilizamos, por exemplo, questões mais abertas e que envolvem a produção dos alunos, visando alcançar determinado objetivo, não podemos avaliar o mesmo objetivo por meio de questões objetivas de múltipla escolha.

Outro aspecto relevante é a contextualização do que está sendo avaliado. É necessário que as provas reflitam o mesmo contexto autêntico no qual apresentamos a língua e trabalhamos com ela em sala de aula. Os textos devem ser os mais autênticos possíveis e devem estar alinhados também com os tipos de textos usados em sala de aula. As questões também precisam ser contextualizadas, pois os significados mudam de acordo com o contexto. Nesse sentido, devemos evitar frases isoladas e descontextualizadas, favorecendo parágrafos e diálogos.

Da mesma forma que devemos usar diferentes instrumentos avaliativos, devemos nas provas também utilizar diversos tipos de questões, estabelecendo um equilíbrio entre questões de múltipla escolha e abertas. Igualmente, devemos variar os tipos de questões, sempre mantendo o alinhamento entre o que é avaliado e como é avaliado e o que é ensinado e como é ensinado.

Segundo Popham (2009), professores letrados em avaliação são capazes de construir provas que respeitam princípios básicos, tais como autenticidade, confiabilidade e validade.

Trocando em miúdos

Este texto tem como objetivo esclarecer dúvidas sobre alguns conceitos relativos à avaliação da aprendizagem de línguas, principalmente aquela realizada em sala de aula. É essencial que professores dominem a temática para que possam fazer escolhas informadas e adotar procedimentos e instrumentos avaliativos coerentes com seus objetivos. Muitas vezes, os docentes de línguas estrangeiras utilizam instrumentos prontos que fazem parte do material de apoio oferecido pelas editoras dos livros didáticos, julgando-se incapazes de fazer uma avaliação crítica de tais instrumentos. Outras vezes, buscam utilizar instrumentos mais autênticos, mas não sabem como harmonizá-los com outros já empregados ou como registrar o desempenho dos alunos. Há ainda casos em que professores utilizam instrumentos elaborados pelos coordenadores e não se sentem capazes de estabelecer um diálogo crítico e produtivo com eles sobre a efetividade de tais materiais ou a política de avaliação estabelecida pela escola.

Stoynoff (2012) faz uma análise das novas tendências na avaliação da aprendizagem de línguas e enfatiza que o professor precisa estar plenamente integrado ao processo avaliativo, desde o planejamento da avaliação até a tomada de decisões sobre os seus resultados. Ele enfatiza ainda que a avaliação da aprendizagem deve ser sempre conduzida pelo professor e não por um avaliador externo, devendo basear-se em múltiplas produções do aluno, coletadas sistematicamente, ao longo do tempo. Para que isso aconteça, é essencial que o professor seja letrado em avaliação.

Referências bibliográficas

BLACK, P. (2015). "Formative assessment: An optimistic but incomplete vision". *Assessment in Education: Principles, Policy & Practice*, v. 22, n. 1, pp. 161-177.

BLACK, P. e WILIAM, D. (1998). "Assessment and classroom learning". *Assessment in Education: Principles, Policy & Practice*, v. 5, n. 1, pp. 7-74.

BROWN, H.D. e ABEYWICKRAMA, P. (2010). *Language assessment: Principles and classroom practices.* 2ª ed. White Plains: Pearson Education.

COOMBE, C.; FOLSE, K. e HUBLEY, N. (2007). *A practical guide to assessing english language learners.* Ann Arbor: The University of Michigan Press.

GREENSTEIN, L. (2010). *What teachers really need to know about formative assessment.* Alexandria: ASCD.

O'MALLEY, J.M. e PIERCE, L.V. (1996). *Authentic assessment for English language learners: Practical approaches for teachers.* Nova York: Addison Wesley.

POPHAM, W.J. (2009). "Assessment literacy for teachers: Faddish or fundamental?". *Theory into Practice*, v. 48, pp. 4-11.

STOYNOFF, S. (2012). "Looking backward and forward at classroom-based language assessment". *ELT Journal*, v. 66, n. 4, pp. 523-532. (The Janus Papers)

WREN, D. (2008). "Using formative assessment to increase learning". *Research Brief: Report from the Department of Research, Evaluation and Assessment*, 6 nov. Virginia Beach City Public Schools. [Disponível na internet: http://www.vbschools.com/accountability/research_briefs/ResearchBriefFormAssmtFinal.pdf, acesso em 15/10/2012.]

18
CIRCULARIDADE DE SABERES SOBRE AVALIAÇÃO

Benigna Villas Boas

A escola, tanto a de educação básica quanto a de educação superior, é local privilegiado de circularidade de saberes, o que pode acontecer de maneira planejada ou não. Neste capítulo, trataremos da circularidade de saberes sobre avaliação na universidade, na escola de educação básica e entre a escola e a universidade, no caso da formação de professores.

O livro *Empowered educators: How high-performing systems shape teaching quality around the world*, de Linda Darling-Hammond e oito renomados pesquisadores (Darling-Hammond *et al.* 2017), aponta elementos que se encaixam nas reflexões que apresentamos. O texto descreve como sistemas educacionais de alta qualidade construíram um conjunto coerente de políticas para assegurar a qualidade do ensino em todas as comunidades (e não somente em situações isoladas) e como seus resultados se refletiram na prática. Os autores conduziram a pesquisa em quatro continentes e cinco países diferentes: Singapura, Finlândia, estados de New South Wales e Victoria, na Austrália, províncias de Alberta e Ontario, no Canadá, e a província de Xangai, na China.

Os pesquisadores partiram do pressuposto de que somente um modelo profissional de organização do trabalho do professor é capaz de produzir os efeitos desejados em todos os estudantes. As seguintes questões nortearam o estudo: Qual seria esse modelo? De onde vêm os futuros professores? Como são atraídos para o ensino? Que tipo de educação necessitam ter? Como aprendem o ofício? Como são selecionados? A partir de quais critérios? Como seu trabalho pode ser organizado? Que tipo de carreira lhes deve ser oferecida? De que tipo de incentivo necessitam para realizar da melhor maneira seu trabalho? Como seu espaço de trabalho deve ser organizado para que constantemente desenvolvam suas habilidades, promovam a melhoria do currículo, das escolas e contribuam para o bom desempenho dos estudantes? Como seriam as escolas se os próprios professores, e não administradores ou analistas das políticas educacionais ou a comunidade de pesquisa, fossem os líderes daquelas de alto desempenho?

Como as respostas a essas questões mudariam a necessária liderança escolar? Qual seria, em outras palavras, o formato profissional do ensino não apenas de um privilegiado grupo de escolas, mas de todo um país? (Darling-Hammond *et al.* 2017, p. vii).

Chamou-nos a atenção o fato de os sistemas de ensino estudados incluírem a colaboração entre professores e a realização de pesquisas sobre a própria prática, como duas das condições para o ensino de qualidade. A colaboração, considerada o coração desse ensino, é mencionada várias vezes no livro. Os professores usam grande parte do tempo em atividades colaborativas com os colegas. Quando não estão envolvidos com os estudantes, trabalham em grupo com seus pares, planejando as atividades, conduzindo pesquisas ou analisando suas práticas e seus resultados (Darling-Hammond *et al.* 2017). Em Victoria, aprendizagem colaborativa é regra, assumindo o formato de leituras coletivas na escola, aprendizagem em grupos, análise do desempenho dos estudantes, planejamento conjunto, observações em salas de aula e encontros para identificar problemas, aprimorar a prática e analisar como os professores estão incorporando elementos dessas aprendizagens em seu trabalho (*ibidem*, p. 115).

Também o tempo destinado a pesquisas pelos professores aparece de forma destacada no livro, podendo essas serem coletivas ou individuais.

Por que não reforçarmos nossas atividades com elementos exitosos dos países mencionados para também construirmos um ensino de qualidade? Vejamos como podemos articular a colaboração às contribuições oferecidas por Sordi e Lüdke (2009, p. 32), que a incluem como necessária à circularidade de saberes. As autoras nos dizem que o tema "circularidade do saber", de modo geral, não significa transferir conhecimento de cima para baixo ou do centro para a periferia. Reconhecem sua potencialidade, pois a ideia de circularidade indica idas e vindas, circulação entre duas (ou mais) fontes produtoras de saber, cada uma enriquecendo, a seu modo, a construção do conhecimento a seu respeito. A circularidade do saber requer a aceitação da existência de fontes produtoras de saber, isto é, os envolvidos colaboram e participam igualmente.

Percebemos, então, que a expressão "circularidade de saberes" é mais ampla que a simples circulação, que se restringe à transmissão e à difusão de informações, que é o que a imprensa faz, mesmo sem dialogar com quem as recebe.

Retomando a formulação de Sordi e Lüdke (2009), depreende-se que os saberes circulam horizontalmente, isto é, sem a intenção de mera transmissão de conhecimento de quem sabe em direção a quem não sabe, como se houvesse apenas um único detentor de saberes. Pelo contrário: democraticamente, os envolvidos no processo promovem formas de socialização do que cada um conhece sobre determinado tema para que, em conjunto, formulem ou reformulem ideias e práticas. Também não é o caso de se chegar necessariamente a conclusões. Pode até ser que não se chegue a isso. O que importa é a difusão colaborativa de informações e conhecimentos para que todos deles se apropriem e os usem segundo suas necessidades. Observa-se, então, como a colaboração está imbricada nesse processo.

Assim entendida, a circularidade de saberes empodera todos os envolvidos. Por incluir idas e vindas, como dizem Sordi e Lüdke (*ibidem*), é processual e contínua, possibilitando a construção da cultura de promoção das aprendizagens. Não tem hora nem data para acabar. Por possibilitar que os conhecimentos de todos se ampliem, concorre para o fortalecimento da prática.

Em suma, essa dinâmica de aprendizagem se utiliza de processos sociais, coletivos, dialógicos e plurais, concluem as autoras.

Como a avaliação é uma categoria do trabalho pedagógico que ainda enfrenta dificuldades, a circularidade de saberes, conscientemente praticada, sobre esse tema pode ser bastante útil.

Circularidade de saberes sobre avaliação nos cursos de licenciatura

O silêncio sobre avaliação que costuma existir em universidades e, particularmente, em cursos de licenciatura parece traduzir o entendimento de sua falta de importância. Na verdade, não é somente isso. O fato de não ser devidamente explorada de maneira teórica, nem sua prática ser discutida à exaustão, traz insegurança e desconforto a essas instituições, a ponto de uma professora de um curso de licenciatura nos ter declarado não gostar da avaliação. Por esse motivo, essa docente oferece apenas pinceladas sobre o tema na disciplina que ministra, obrigatória nos cursos de licenciatura da instituição. As pesquisas nesse campo, embora já numerosas, são repetitivas e não conseguem avançar no sentido de apontar caminhos para o alcance do verdadeiro propósito da avaliação: o de servir às aprendizagens. Isso significa que os futuros docentes continuam sendo formados com essa lacuna.

Cabe salientar que a avaliação não é um saber que interessa apenas à formação de professores, porque os setores de trabalho, de modo geral, a têm incluído em sua agenda como forma de alavancar melhores resultados profissionais. Embora venha ganhando cada vez mais espaço nesses ambientes de trabalho, nos cursos de graduação e pós-graduação, mesmo na área da educação, a avaliação ainda não desperta atenção com relação à compreensão de sua concepção e suas funções. Tem cumprido o papel de fornecedora de resultados quantitativos, servindo à sua faceta classificatória. Há casos de professores que não devolvem aos estudantes as produções nem comunicam os resultados por entenderem ser esse um meio de forçá-los a estudar mais para as "outras provas". Justificam que os que alcançaram boa nota não se "esforçarão" tanto para a próxima prova. Ainda mais preocupante: os professores que não devolvem os trabalhos o fazem para se precaver em caso de reclamações administrativas que os estudantes possam mover contra eles. Nesse caso, a avaliação se desvia de seu propósito principal, o de promover as aprendizagens. São entendimentos inaceitáveis em instituições dedicadas à educação. Por isso, é urgente a formação pedagógica dos docentes universitários, principalmente em avaliação, por ser a categoria que norteia todo o seu trabalho com os estudantes.

Em cursos de licenciatura, quando a avaliação entra na pauta de reuniões e encontros de professores e coordenadores, a discussão costuma girar em torno de aspectos burocráticos, como notas e aprovação/reprovação de estudantes. Como os docentes desses cursos são formadores, entre outros, daqueles que atuarão na educação básica, são responsáveis pelos saberes presentes em todo o curso, em todas as situações e, consequentemente, pelos que serão praticados nas escolas de educação básica. Essa circularidade ocorre, em primeiro lugar, por meio de documentos escritos, como planos de disciplina, projetos, pesquisas, diretrizes e procedimentos/instrumentos de avaliação etc., mas não se restringe a eles. Caso contrário, seu caráter social e coletivo não seria plenamente alcançado. Surge, em segundo lugar, e complementando os documentos, a necessidade de diálogo e interação, que pressupõe encontros e conversas. Diferentemente do que costuma acontecer nos cursos de licenciatura e a exemplo do que ocorre em Victoria, devem prevalecer, nesses momentos, as diferentes estratégias de trabalho, os resultados exitosos e as pesquisas, por constituírem meios importantes para promover, por meio da colaboração, a circularidade dos saberes construídos por todos. Quem se beneficia disso são os futuros docentes da educação básica, que levarão tudo o que vivenciarem para seu ambiente de trabalho.

Consideração especial merecem os planos de ensino, costumeiramente presentes em cursos de nível superior. Eles representam uma maneira significativa de circularidade de saberes sobre avaliação pelos seguintes motivos: são escritos e ficam em poder dos estudantes; traçam as orientações sobre avaliação; requerem discussão entre professor e estudantes; servem de exemplo para futuros docentes; circulam entre cursos e universidades de todo o país, em caso de transferência do estudante. Já paramos para refletir sobre isso? Eles constituem um meio poderoso.

Reuniões e encontros com a participação de estudantes favorecem a circularidade de saberes sobre avaliação. Entretanto, uma dúvida se impõe: o que move esses encontros é a circularidade de saberes, no sentido aqui abordado, comprometida com as aprendizagens e em que a colaboração é valorizada, ou é a circulação vertical e a do centro para a periferia (Sordi e Lüdke 2009), que apenas transmitem informações burocráticas? Nesses eventos, muitas vezes, os estudantes são apenas "ouvintes", sem poder de participação, permanecendo na periferia.

Circularidade de saberes sobre avaliação na escola de educação básica

A circularidade de saberes na escola de educação básica acontece de maneira mais dinâmica e com mais frequência do que na educação superior. Trata-se de uma tradição desse nível de ensino pelo maior tempo de contato dos professores com os estudantes e pela maior proximidade com os pais/responsáveis. Tudo nessa escola é tratado com mais participação e espontaneidade. Além dos encontros pedagógicos entre professores e equipes de coordenação e gestão, os temas curriculares abrem espaços para celebrações e comemorações, como datas importantes, festas, feiras etc. A avaliação integra esses momentos e seus saberes circulam formal e informalmente.

Um momento precioso para a circularidade de saberes sobre avaliação na escola de educação básica é o conselho de classe. Tradicionalmente, ele tem cumprido a função de "julgar" os estudantes e decidir sua trajetória escolar. Esse é seu lado indesejável, porque se vincula à avaliação classificatória. Contudo, falemos sobre sua face promissora. Professores, equipes de gestão e de coordenação pedagógica e estudantes se encontram para analisar o trabalho pedagógico desenvolvido em cada turma, incluindo a avaliação que o integra. Situações que vêm dificultando o desenrolar desse trabalho são discutidas e, como resultado, são definidos novos rumos, quando se delineia a avaliação dissociada de punições, constrangimentos ou desrespeito. O grande lance é colocar na mesa atitudes corajosas, aliadas da avaliação formativa, para favorecer a conquista das aprendizagens por todos.

Como articulador dos encontros do conselho de classe (Lima 2012, p. 59), o diretor da escola cumpre o importante papel de estar atento a tudo o que ocorre, a fim de promover a circularidade de saberes para que esses momentos sejam de colaboração e aprendizagens para todos os atores, que não têm muitas outras oportunidades de se reunir.

As coordenações pedagógicas também são momentos de intensa circularidade de saberes sobre avaliação. Inúmeras são as atividades que podem ser conduzidas: leituras de textos e livros sobre o tema; análise das orientações sobre avaliação; apresentação de pesquisas; conversas sobre as necessidades dos estudantes; análise das práticas avaliativas; (re)planejamento coletivo do processo; análise do desempenho dos estudantes, incluindo os resultados dos exames externos.

Os encontros com pais ou responsáveis também propiciam a necessária circularidade de saberes sobre avaliação entre eles e a escola. Talvez seja esse o único evento em que discutem o tema. Oliveira (2017) combate qualquer forma de pseudoparticipação, como a escola apenas lhes enviar bilhetes com informações avaliativas dos filhos. Ouvir os pais/responsáveis em suas singularidades, discutir com eles, propor leituras e analisar o processo avaliativo da escola e da sala de aula, assim como o desempenho de seus filhos fazem parte da avaliação formativa pretendida. Essa dinâmica confere clareza às práticas avaliativas, resultando em melhoria do processo educativo (*ibidem*).

Incluir os pais/responsáveis na construção do processo avaliativo da escola "significa valorizá-los e contar com uma contribuição inestimável. Este é um dos requisitos da escola democrática" (*ibidem*, p. 112).

Circularidade de saberes sobre avaliação entre os cursos de licenciatura e a escola de educação básica

Vimos anteriormente que a pesquisa impulsiona a qualidade do ensino nos países estudados por Darling-Hammond *et al.* (2017), onde os professores são incentivados a investigar a própria prática. Pesquisas dessa natureza também contribuem para que os saberes sobre avaliação circulem entre os cursos de licenciatura e a escola de educação básica.

Como dar início a esse tipo de pesquisa? Individual ou institucionalmente? Cada contexto definirá o ponto de partida. Quem toma a iniciativa? Visto que existem professores de cursos de licenciatura pesquisando a avaliação na escola de educação básica, em lugar de realizar essa atividade exclusivamente para cumprir as exigências de publicação às quais esses professores estão atrelados, docentes das escolas podem ser convidados a participar desde a concepção do projeto. Lembremo-nos de que os licenciandos realizam estágio na escola. Por que não ampliar e fortalecer esse componente curricular, transformando-o em espaço de pesquisa entre estagiários e professores formadores e os das escolas? A avaliação se fortaleceria enormemente.

Entretanto, não é tão fácil usar a pesquisa como propulsora da circularidade pretendida, porque, como alertam Lüdke e Cruz (2005, p. 105), "a preparação do investigador e o exercício da pesquisa continuam privilégios da universidade", onde pouca ou nenhuma formação sobre esse tema recebe o futuro docente. Além disso, esses professores pesquisadores não costumam estar inteirados do trabalho da escola de educação básica. Talvez por isso enviem seus estagiários, sem que eles próprios participem das atividades nas escolas. Não sabem o que perdem. Se todos estiverem imbuídos dos benefícios proporcionados pela circularidade dos saberes, cairá por terra o velho e rançoso estágio, dando lugar à formação de profissionais comprometidos com a educação, de modo geral, e com a avaliação para as aprendizagens.

A circularidade de saberes, nos três âmbitos aqui discutidos, pressupõe a prática da ética para que todos os envolvidos se sintam valorizados, respeitados, incluídos e todas as contribuições sejam objetos de análise. É necessário saber o que pode e o que não deve circular, porque a avaliação carrega marcas que insistem em associá-la a situações de exposição e constrangimento, distanciando-a de sua real função: promover aprendizagens.

Referências bibliográficas

DARLING-HAMMOND, L. *et al.* (2017). *Empowered educators: How high-performing systems shape teaching quality around the world.* São Francisco: Jossey-Bass.

LIMA, E.S. (2012). *O diretor e as avaliações praticadas na escola*. Brasília: Kiron.

LÜDKE, M. e CRUZ, G.B. (2005). "Aproximando universidade e escola de educação básica pela pesquisa". *Cadernos de Pesquisa*, v. 35, n. 125, maio-ago. São Paulo: Fundação Carlos Chagas.

OLIVEIRA, R.M.S. (2017). "Pais/responsáveis: Participação necessária!". *In*: VILLAS BOAS, B.M. de F. (org.). *Avaliação: Interações com o trabalho pedagógico*. Campinas: Papirus.

SORDI, M. e LÜDKE, M. (2009). "Da avaliação da aprendizagem à avaliação institucional: Aprendizagens necessárias". *In*: SORDI, M.R.L. e SOUZA, E.S. (orgs.). *A avaliação institucional como instância mediadora da qualidade da escola pública: A rede municipal de Campinas como espaço de aprendizagem.* Campinas: Millennium.

19
REPROVAR PARA QUÊ?

Maria Susley Pereira

Para iniciar este capítulo, antes de discutir a avaliação como recurso de aprendizagem, lançamos mão de um pré-texto apresentado por Méndez (2015, p. 140):

> Estimado professor
> Quero aprender... me avalie, por favor. E faça-o com rigor, mas, sobretudo, faça-o com honestidade e, se possível, faça-o contando comigo.
> Quero comprovar que entendo o que o senhor quer me transmitir, que estou compreendendo as ideias que expõe e que eu devo assimilar, que estou entendendo o texto que devo analisar, o problema que devo resolver, que enfrento apropriadamente a pergunta à qual devo dar uma resposta, que compreendo o fato histórico que explica os acontecimentos mais destacados de nossa história recente, que sou capaz de interpretar adequadamente um texto, que estou no caminho certo para enfrentar as situações em que devo colocar à prova meus argumentos, minhas ideias, meus conhecimentos, que estou capacitado para defender minhas ideias.
> Me avalie, por favor, porque necessito de sua ajuda, sua orientação, sua análise, sua crítica.
> Me avalie, professor, porque necessito seguir aprendendo e porque necessito comprovar que estou bem preparado para enfrentar situações que não conheço, contextos sociais, culturais e científicos complexos, problemas realmente difíceis.
> Me avalie, professor, porque não quero cometer erros injustificáveis.
> Me avalie, professor, porque quero sair de meu não saber, de minha ignorância, da pobre imagem que tenho de mim mesmo.
> Me avalie, professor, porque eu também quero ser professor dos outros nessa tarefa de aprender, de poder compartilhar e desfrutar os progressos da ciência e da cultura, que nos identificam como seres de relação.
> Me avalie, professor, porque, ao fazê-lo, o senhor garante minha aprendizagem, porque a avaliação de fato é aprendizagem.
> Me avalie, professor, porque, ao fazê-lo, nós dois podemos crescer juntos.
> E não se preocupe muito pela nota, pela pontuação: ninguém melhor que eu conhece o quanto sei, e ninguém melhor que eu sabe o quanto ignoro. E provavelmente o senhor não saiba – embora saiba, porque antes de professor foi aluno – que grande habilidade para ocultar diante "dos outros" a minha ignorância para dissimular que sei ou que aprendo sem ter ideia obrigou-me a desenvolver e exercitar esse sistema que hoje me examina, mas que não

me avalia, que hoje me qualifica, mas não valoriza meu trabalho nem meu esforço, nem a consistência, nem a qualidade do que aprendo. É muito fácil aparentar e simular saber atrás do muro da ignorância.

Por tudo isso, estimado professor, eu lhe peço, desesperado, mas amavelmente: me avalie, por favor! Somente assim, nós saberemos, com certeza, e sobretudo com honestidade, o quanto o senhor sabe pela ajuda que me presta e o quanto eu estou aprendendo. Esta será a marca que deixará em mim seu trabalho e sua dedicação, e esse será o motivo de meu agradecimento eterno.

No texto que você acabou de ler, o suposto estudante faz solicitações a seu professor que evitariam as reprovações. Desesperadamente, ele exige que seja avaliado, mas avaliado para aprender; que a avaliação seja rigorosa e feita por meio de análise, crítica e honestidade; que ele seja participante do processo; que não haja preocupação com nota e pontuação. Seria um processo avaliativo integrado ao trabalho pedagógico do qual a reprovação não faria parte. Nas exigências do aluno, a palavra "aprendizagem" e outras dela decorrentes são incluídas várias vezes. Isso acontece porque a avaliação contribui para que as aprendizagens prossigam. A reprovação interrompe o processo de aprendizagem, contudo está enraizada no trabalho escolar. Entre as solicitações do estudante, uma não foi esquecida: ser avaliado porque ele pretende ser professor "nessa tarefa de aprender, de poder compartilhar e desfrutar os progressos da ciência e da cultura".

Há mais de um século, a reprovação tem sido tema de discussões e estudos no Brasil, mas é a partir da década de 1960 que se pode verificar a implementação de políticas nas redes públicas de ensino com o intuito de pôr fim ou, pelo menos, diminuir o percentual de estudantes reprovados ano a ano. No centro dessas políticas, está a organização da escolaridade em ciclos, permitida pelo art. 23 da Lei de Diretrizes e Bases da Educação Nacional – LDB (Brasil 1996), e que, em geral, não prevê a reprovação anual.

Diante dessa possibilidade, muitas secretarias de educação no país intentaram mudar sua realidade no que diz respeito ao número de estudantes reprovados, por meio da implementação da não seriação do ensino. O Distrito Federal, por exemplo, tem buscado essa alternativa desde a fundação da nova capital, passando por experiências como a escola em ciclos em diversas épocas e com diferentes feições: Fases e Etapas, em 1960; Ciclo Básico de Alfabetização – CBA, nos anos de 1980; Escola Candanga, em 1995; Bloco Inicial de Alfabetização – BIA, desde 2006. Todo o ensino fundamental do Distrito Federal passou a ser organizado em ciclos, em 2018.

Essas experiências, por sua vez, muito mais que diminuir os índices de reprovação, foram e são possibilidades de garantia aos estudantes de seu direito fundamental à educação, previsto na legislação magna brasileira. Políticas de não reprovação constituem, assim, um caminho de livre acesso a esse direito, permitindo-nos vê-las também como estratégias de favorecimento das aprendizagens de todos – não somente dos estudantes –, uma vez que os envolvidos no processo educativo precisam, reiterada e cotidianamente, encontrar soluções e investir em situações que viabilizem o progresso contínuo e progressivo dos estudantes, no decorrer de todo o período de escolarização.

Tendo em vista premissa de que a escola representa espaço de libertação (Freire 1978), por meio do qual o indivíduo pode vislumbrar uma vida melhor para si e para o contexto em que vive, ela, a escola, não tem conseguido, de fato, ser esse espaço, uma vez que há a presença persistente e perversa do fracasso escolar, que não se encontra apenas em números expressivos de reprovações ou de evasão, mas também em uma parcela significativa de estudantes que permanece na escola e que até consegue "passar de ano", mas infelizmente aprende pouco ou quase nada.

O Índice de Desenvolvimento da Educação Básica (Ideb)[1] de 2019 mostra que, desde 2013, o Brasil não atinge a meta no ensino médio. Somando as escolas públicas e particulares,[2] a meta nacional a ser cumprida era 5, mas o resultado foi de apenas 4,2, sinalizando que parte significativa dos estudantes termina essa etapa de ensino sem condições de, por exemplo, identificar argumentos nos textos, reconhecer relações de causa e consequência, compreender ironia ou humor e detectar a informação principal em reportagens.[3] Esses índices, principalmente em relação aos estudantes da escola pública, têm afastado as possibilidades desse grupo de interagir no contexto social e têm distanciado a escola de um de seus principais objetivos: proporcionar ao indivíduo condições de transitar de forma ativa, consciente, competente e autônoma na sociedade.

Nesse caminho, o que vemos é que a escola ainda tem formado pessoas que não podem se inserir em contextos nos quais essas competências são exigidas, bem como não conseguem utilizá-las para benefício e crescimento próprios, nem da comunidade em que vivem. Apesar de o acesso à escola estar sendo cada vez mais ampliado, possibilitando que muitas pessoas saiam da situação de analfabetismo e atinjam a condição básica de letramento, "tornam-se cada vez mais agudas as dificuldades para fazer com que os brasileiros atinjam patamares superiores de alfabetismo" (Instituto Paulo Montenegro 2011-2012).

O Indicador de Alfabetismo Funcional (Inaf), gerenciado pelo Instituto Paulo Montenegro (IPM), em parceria com a ONG Ação Educativa, revela que, durante a última década, houve uma redução do analfabetismo absoluto e da alfabetização rudimentar e um aumento do nível básico de habilidades de leitura, escrita e matemática. Todavia, de acordo com dados do relatório do Inaf, a proporção dos indivíduos que atingem um nível pleno de alfabetização se manteve praticamente inalterada, em torno de 25%. Os resultados desse indicador e também do Ideb mostram que estamos encobrindo o fracasso escolar e comprovando veementemente o processo de eliminação (Freitas 1991), contribuindo para desvalorizar saberes, fortalecer hierarquias, silenciar e expulsar muitos da escola. Isso significa negar a boa parte da população o exercício pleno de sua cidadania, que, na visão de Boff (2000, p. 51), deve ser encarada como

> o processo histórico-social que capacita a massa humana a forjar condições de consciência, de organização e de elaboração de um projeto e de práticas no sentido de deixar de ser massa e de passar a ser povo, como sujeito histórico plasmador de seu próprio destino. O grande desafio histórico é certamente este: como fazer das massas anônimas, deserdadas e manipuláveis um povo brasileiro de cidadãos conscientes e organizados. É o propósito da cidadania como processo político-social e cultural.

Exercer essa cidadania ativamente constitui-se na consciência e na prática dos direitos e dos deveres inerentes ao cidadão. Para isso, não é suficiente uma formação técnica e propedêutica. É preciso

---

1. O Índice de Desenvolvimento da Educação Básica (Ideb) é um indicador de qualidade do ensino fundamental e do ensino médio e leva em conta dois fatores: quantos alunos passam de ano e qual o desempenho deles em português e em matemática. Foi criado em 2005 pelo MEC, que desde então o divulga a cada dois anos.
2. A diferença é grande se comparados os resultados das escolas públicas e privadas. Na rede particular, responsável por 12,2% das matrículas de ensino médio, o Ideb foi 6,0, enquanto na rede estadual foi 3,9.
3. Dados comentados pelo portal de notícias G1, em reportagem de 15/9/2020 intitulada "Ideb: Desde 2013, ensino médio brasileiro não atinge nível esperado de qualidade". [Disponível na internet: https://g1.globo.com/educacao/noticia/2020/09/15/desde-2013-ensino-medio-brasileiro-nao-atinge-nivel-esperado-de-qualidade-no-ideb.ghtml, acesso em 20/10/2020.]

encaminhar o estudante para o desenvolvimento da capacidade de pensar autonomamente para que tenha plenas condições de resolver situações da vida real, de tomar suas próprias decisões com bases fundamentadas. Faz-se necessário

> ter a capacidade de analisar dados, fatos e situações; conhecer o conjunto de serviços e de instituições que existem nas sociedades aos quais os cidadãos podem e devem recorrer; a capacidade de relatar, saber o que está acontecendo, perceber o contexto e ser capaz de transmitir isso para os outros; capacidade de gestão participativa e não mais apenas entender as tarefas; capacidade de entender processos mais amplos; capacidade de receber criticamente os meios de comunicação, de perceber as manipulações desses meios e ter um distanciamento crítico, pois uma notícia não pode ser um comentário manipulador; capacidade de saber distinguir entre aquilo que é real e aquilo que é manipulação. (Ahlert 2007, p. 2)

Nota-se a relevância de uma educação que conduza o indivíduo à condição apontada por Ahlert (*ibidem*), por meio da garantia de sua permanência no contexto escolar e de aprendizagens que sejam a base para a cidadania. Além do mais, vivemos em tempos de ligeiras e expressivas mudanças sociais, o que incita a educação a acompanhar essas mudanças. A exemplo disso, o Plano Nacional de Educação (PNE), sancionado em 26 de junho de 2014 (Brasil 2014), estabelece 20 metas para seu avanço, a serem alcançadas até 2024. Além da universalização e da ampliação do acesso a todos os níveis da educação, o PNE presume combater a defasagem idade-série, uma realidade fruto do elevado número de reprovações e certamente um interveniente significativo para o abandono das carteiras escolares.

As preocupações da escola devem, então, ir além de questões de aprovação ou reprovação; devem recuperar sua função social. "Recuperar a educação. Colocar o foco nos educandos e em seus processos formadores. Reconhecer em cada criança, adolescente, jovem ou adulto um ser humano em formação" (Arroyo 2004, p. 11).

Todos esses aspectos precisam ser levados em consideração quando pensamos na reprovação. Ora, se levarmos em conta que o estudante frequenta toda a educação básica, ou seja, no mínimo 12 anos, sem retenções e, ainda assim, suas aprendizagens estão deixando a desejar, com as reprovações essas poucas aprendizagens só tendem a piorar! E pioram porque, para aprender, o indivíduo precisa estar ávido e crendo positivamente que pode aprender, assim como os aspectos afetivo-emocionais precisam estar preservados. Mas a condição de reprovado conduz ao contrário disso. Para aprender, o autoconceito não pode estar prejudicado, pois a pessoa precisa ter uma imagem de si que a motive e a impulsione, e a condição de reprovado não contribui para isso. Além do mais, essa condição pode podar a autoestima, e uma autoestima baixa não prejudica somente as aprendizagens, mas todas as relações dessa pessoa consigo mesma e com os outros.

Reprovar não pode, portanto, ser uma sensação boa nem uma ação frutífera. Em direção contrária, constitui uma excelente forma de reforçar as possibilidades de exclusão.

Por isso, só nos resta questionar: reprovar para quê, se o que precisamos é justamente superar a natureza da escola convencional, que carrega o ranço de uma escola que exclui e, quando não expulsa, exclui dentro dela mesma? (Bourdieu e Champagne 1997)

Reprovar para quê, se o que se espera é a transformação da escola convencional em um "sistema educacional não excludente e não seletivo" (Mainardes 2009, p. 13), justamente por vivermos em tempos de agregar, incluir, cooperar e conviver?

Reprovar para quê, se o que se pretende é a garantia do direito à educação como tradução mais latente da verdadeira democracia?

Quanto a esse ponto, refletir é importante porque a democracia pode tornar-se falsa e ilusória "quando a escola só consegue ensinar uma parte de seus alunos, abandonando à própria sorte os demais (...). A educação só se concretiza como direito numa escola em que todos possam aprender e formar-se como cidadãos" (Jacomini 2009, p. 561).

Se a educação é um direito, as aprendizagens precisam ser concretizadas para todos. No entanto, Fernandes (2008, p. 59) questiona: "A escola é para todos mesmo?". A indagação da autora nos induz a refletir a respeito da "concepção de escola que temos, [e] das expectativas que construímos sobre o papel da educação na sociedade" (*ibidem*).

As questões, portanto, relacionadas ao que pensamos política, filosófica e até sociologicamente sobre a educação e sobre a escola são precípuas quando resolvemos falar em reprovação, uma vez que, em nossas concepções, se inserem valores, intenções, objetivos e crenças intimamente ligados ao papel da escola e de todos que nela atuam.

Reprovar para quê, se o papel da escola é o de incluir e levar as pessoas a acreditar a e vivenciar a inclusão, a cooperação e o sucesso? Todavia, há quem pense que "reprovar não é ruim. A gente tem que aprender a ouvir 'não'. Nem sempre a gente ganha. Faz parte da vida" (professora em curso de formação continuada).[4]

Esse tipo de posicionamento nos leva, infelizmente, a pensar que o poder da reprovação ainda respira fortemente nas salas de aula, e sua supressão é fator de repulsa. Ainda há quem acredite que sua existência implica a melhoria nos rendimentos dos estudantes. Há quem acredite que não reprovar é "causar a banalização do ensino" (professora em curso de formação continuada).[5] E, mais triste ainda, há quem reivindique a reprovação porque quer ter garantido "o direito de reprovar os alunos" (professora de uma turma do 2º ano do BIA em participação em palestra).[6]

Entretanto, será que é esse o dircito que deve ser garantido? Para quê? Por quê?

A reprovação, em geral, canaliza o estudante a viver experiências pedagógicas quase idênticas no ano seguinte, muitas vezes com o mesmo professor, utilizando o mesmo livro didático e até estudando na mesma sala de aula. Como esperar que isso possa resolver os "problemas" das não aprendizagens?

Reprovar para quê? Então, "me avalie, professor, porque necessito seguir aprendendo".

Referências bibliográficas

AHLERT, A. (2007). "Reflexões éticas e filosóficas sobre a educação escolar". *Revista Iberoamericana de Educación*, v. 42, n. 6, maio, n. especial. Madri, pp. 1-8.

4. Curso "Currículo em movimento: Reorganização do trabalho pedagógico nos ciclos e na semestralidade", desenvolvido pela Secretaria de Estado de Educação do Distrito Federal, com o propósito de discutir questões relativas ao currículo das escolas públicas do Distrito Federal e à escola organizada em ciclos, em função da alteração na organização da escolaridade na rede pública de ensino do DF.
5. *Idem*.
6. Palestra sobre a ampliação dos ciclos na Coordenação Regional de Ensino da cidade de Brazlândia-DF, em 2008.

ARROYO, M. (2004). "Prefácio". *In*: MOLL, J. (org.). *Ciclos na escola, tempos na vida: Criando possibilidades*. Porto Alegre: Artmed.

BOFF, L. (2000). *Depois de 500 anos: Que Brasil queremos?*. Petrópolis: Vozes.

BOURDIEU, P. e CHAMPAGNE, P. (1997). "*Os excluídos do interior*". *In*: BOURDIEU, P. (org.). *A miséria do mundo*. Petrópolis: Vozes.

BRASIL (1996). Lei de Diretrizes e Bases da Educação Nacional. Lei n. 9.394 de 20 de dezembro de 1996. Brasília.

________ (2014). Plano Nacional de Educação – PNE. Lei n.13.005, de 25 de junho de 2014, que aprova o Plano Nacional de Educação – PNE e dá outras providências. Brasília: Câmara dos Deputados/Ed. Câmara.

FERNANDES, C.O. (2008). "Avaliação sem reprovação: Elementos para o debate". *In*: FETZNER, A.R. (org.). *Ciclos em revista, v. 4: Avaliação: Desejos, vozes, diálogos e processos*. Rio de Janeiro: Wak, pp. 53-70.

FREIRE, P. (1978). *Ação cultural para a liberdade*. 3ª ed. Rio de Janeiro: Paz e Terra.

FREITAS, L.C. (1991). "A dialética da eliminação no processo seletivo". *Educação & Sociedade*, v. 12, n. 39. Campinas.

INSTITUTO PAULO MONTENEGRO – IPM (2011-2012). Indicador de Alfabetismo Funcional (Inaf) 2011-2012. Relatório *on-line*. [Disponível na internet: http://www.ipm.org.br, acesso em 26/8/2017.]

JACOMINI, M.A. (2009). "Educar sem reprovar: Desafio de uma escola para todos". *Educação e Pesquisa* [*on-line*], v. 35, n. 3, set.-dez. São Paulo, pp. 557-572.

MAINARDES, J. (2009). *A escola em ciclos: Fundamentos e debates*. São Paulo: Cortez.

MÉNDEZ, J.M.A. (2015). "Pensar na avaliação como recurso de aprendizagem". *In*: JARAUTA, B. e IMBERNÓN, F. (orgs.). *Pensando no futuro da educação: Uma nova escola para o século XXI*. Porto Alegre: Penso.

20
PALAVRAS FINAIS: TERMINADO O ANO LETIVO, FECHA-SE O CICLO DA AVALIAÇÃO NA ESCOLA?

Benigna Villas Boas

O processo avaliativo é inesgotável. Algumas etapas do trabalho pedagógico são concluídas e dão origem a outras, mas a avaliação não se encerra nunca. Continua o seu percurso. Enquanto o estudante permanece na escola, tem suas aprendizagens acompanhadas e avaliadas. O final de um ano letivo não lhe traz surpresas quanto ao seu progresso e quanto às necessidades de aprendizagem que ainda deverão ser supridas, porque a avaliação formativa permanece vigilante o tempo todo. Como as aprendizagens estão sempre em curso, não há pressa para que os estudantes demonstrem "tudo" o que aprenderam. No ano seguinte, o trabalho pedagógico tem continuidade.

Como participante ativo da avaliação, o estudante se autoavalia o tempo todo e recebe o *feedback* dos professores, o que o conduz ao automonitoramento. Essa é a avaliação formativa que se almeja. O rigor ético está intimamente implicado nesse processo, em que o diálogo entre professor e estudante se faz presente, porque os "sujeitos dialógicos aprendem e crescem na diferença, sobretudo no respeito a ela..." (Freire 1998, p. 67). Essa aprendizagem e esse crescimento são a base para a construção da autonomia do estudante para expressar suas inconcretudes. Esse entendimento alicerça o processo permanente de avaliação na escola.

A avaliação institucional, ou autoavaliação pela escola, também não se encerra. Como mediadora da avaliação em sala de aula e da avaliação em larga escala, produz um robusto conjunto de informações que norteia continuamente o desenvolvimento das atividades. Em avaliação, nada se perde nem fica em arquivo morto. Abre-se, assim, a possibilidade de construção da cultura avaliativa escolar, por meio da circularidade de saberes que tomem como referência o contexto social e escolar e as necessidades individuais dos estudantes. Como a avaliação é a categoria do trabalho pedagógico que, juntamente com os objetivos, mostra o caminho a seguir, torna-se necessário acionar saberes e práticas que promovam as aprendizagens de todos os seus sujeitos. Isso requer que seja retirado o foco da aprovação e da reprovação, direcionando-o para a conquista das aprendizagens. Significa avaliar sem excluir, punir, selecionar, constranger e classificar, sem, contudo, abandonar o rigor e a seriedade próprios do processo.

O professor é um ator estratégico no espaço escolar. Além de interagir com todos os integrantes do trabalho pedagógico, coordena a avaliação das aprendizagens, participa da avaliação do trabalho da escola por ela própria (avaliação institucional) e convive com a avaliação em larga escala. Talvez ele seja a pessoa que mais acompanha o processo de avaliação executado na/pela escola. Embora ainda não seja bem compreendida e valorizada, a avaliação institucional realiza-se por meio de todas as atividades da escola: pela coordenação pedagógica, pelas diversas reuniões (pais, professores e outras) e, principalmente, pelo conselho de classe. Contudo, percebe-se que o professor e a escola ainda são reféns de uma visão limitada da avaliação, restrita ao nível da aprendizagem. Dessa forma, pode-se entender que a sala de aula é dissociada da escola e esta, do entorno social.

O entendimento de que o processo avaliativo escolar está em permanente construção, de modo que novas aprendizagens sejam sempre acrescidas, exige o letramento em avaliação de todos os envolvidos. À universidade, responsável em grande parte pela qualidade do trabalho da escola de educação básica, cabe formar profissionais capazes de contribuir para a construção da cultura avaliativa a serviço das aprendizagens de todos os que nela atuam.

Reafirmamos, pois, nosso compromisso com a avaliação *das* e *para as* aprendizagens, que resulte na avaliação *como* aprendizagem.

Referência bibliográfica

FREIRE, P. (1998). *Pedagogia da autonomia: Saberes necessários à prática educativa.* São Paulo: Paz e Terra.

SOBRE OS AUTORES

Benigna Villas Boas (org.) é pedagoga, mestre e doutora em Educação. Professora emérita da Universidade de Brasília (UnB), coordena o grupo de pesquisa Avaliação e Organização do Trabalho Pedagógico (Gepa).

Deire Lúcia de Oliveira é graduada em Matemática, especialista em Educação Matemática, mestre e doutora em Educação pela Universidade de Brasília (UnB). Atua como professora da Secretaria de Estado de Educação do Distrito Federal.

Elisângela T. Gomes Dias é pedagoga, mestre em Psicologia Educacional e doutora em Educação. Atua como professora da Secretaria de Estado de Educação do Distrito Federal, assessora pedagógica do curso de Medicina do Centro Universitário Unieuro/DF, além de integrar o grupo de pesquisa Avaliação e Organização do Trabalho Pedagógico (Gepa).

Enílvia Rocha Morato Soares (org.) é mestre e doutora em Educação. Professora aposentada da Secretaria de Estado de Educação do Distrito Federal, integra os grupos de pesquisa Avaliação e Organização do Trabalho Pedagógico (Gepa) e Docência, Didática e Trabalho Pedagógico (Prodocência).

Erisevelton Silva Lima é mestre em Educação pela Universidade Católica de Brasília (UCB) e doutor em Educação pela Universidade de Brasília (UnB). Atua como professor da Secretaria de Estado de Educação do Distrito Federal.

Isabela F. Villas Boas é mestre em Ensino de Inglês como Segunda Língua pela Arizona State University, EUA, e doutora em Educação pela Universidade de Brasília (UnB). Sócia-diretora da Troika consultoria educacional, também orienta dissertações de mestrado a distância em Ensino de Inglês como Segunda Língua da Universidade de Birmingham, Inglaterra.

Maria Susley Pereira é graduada em Letras, mestre e doutora em Educação pela Universidade de Brasília (UnB). Atua como professora da Secretaria de Estado de Educação do Distrito Federal.

Rose Meire da Silva e Oliveira é pedagoga, com mestrado em Educação. Professora aposentada da Secretaria de Estado de Educação do Distrito Federal, integra o grupo de pesquisa Avaliação e Organização do Trabalho Pedagógico (Gepa).